CONTENTS

1. 미리 보는 여수, 순천 ············· 14

2. 길 위에서 만나는 오감 만족, 알짜배기 추천코스 ··· 26
   - ◎ 알짜배기 여수 추천코스 ············· 28
   - ◎ 알짜배기 순천 추천코스 ············· 36
   - ◎ 여수 해안가 코스 ············· 44
   - ◎ 순천 해안가 코스 ············· 52
   - ◎ 섬 나들이 코스 ············· 60
   - ◎ 꽃 핀 바다의 섬들 ············· 68

3. 남도의 맛 ············· 84
   - ◎ 맛집 열전 여수 ············· 113
   - ◎ 맛집 열전 순천 ············· 128

4. 남도에서의 만남 ············· 144
   - ◎ 사람을 만나다 ············· 146
   - ◎ 여수를 만나다 ············· 166
   - ◎ 순천을 만나다 ············· 202

프롤로그

여수 밤바다,
갈대정원 순천에 물들다

근래 국내 최고의 이슈 여행지를 꼽으라고 한다면 단연코 여수, 순천일 것이다. 산과 들, 강과 바다, 천혜의 자연조건 모두를 갖추고 있는 여수, 순천은 싱싱하고 정갈한 음식 맛으로도 이름나 있다. 또한, 여수세계해양박람회와 순천만국제정원박람회를 성공적으로 치르면서 국제적 휴양지로서의 면모를 갖추게 되었다.

전국 곳곳, 가볼 만한 곳 다 가봤다는 여행객들의 마음을 사로잡기에 충분한 조건을 두루두루 갖추고 있는 여수, 순천. 여행의 패턴에 맞게 오염되지 않은 순수한 자연과 음식, 문화예술, 역사, 레포츠를 함께 즐길 수 있는 곳. 여수 밤바다와 갈대정원 순천에 물들면 또 다른 여행의 독특한 매력에 빠져들 것이다.

자! 이제 패턴을 읽어가는 남도 여행. 여수 밤바다, 갈대정원 순천으로 길을 떠나보자.

여수밤바다, 갈대정원 순천에 물들다

남도여행

지성배 지음

여수밤바다,
갈대정원 순천에 물들다

초판 1쇄 인쇄　2014년 8월 27일
초판 1쇄 발행　2014년 9월 2일

글, 사진	지성배
펴낸이	박정태
편집이사	이명수　　감수교정　정하경
책임편집	위가연　　편집부　전수봉, 김안나
마케팅	조화묵, 최석주　온라인마케팅　박용대, 김찬영
펴낸곳	북스타
출판등록	2006.09.08 제 313-2006-000198호
주소	파주시 파주출판문화도시 광인사길 161 광문각 B/D
전화	031-955-8787　　팩스　031-955-3730
E-mail	kwangmk7@hanmail.net
홈페이지	www.kwangmoonkag.co.kr
ISBN	978-89-97383-38-2　13980

　　　　ⓒ2014, 지성배

책값은 뒤표지에 있습니다.
잘못된 책은 구입한 서점에서 바꾸어 드립니다.

남도여행

남도 여행

Chapter 07

순천, 여수 시티투어

교통 가이드

어느 한 지역을 여행하는 것도 나름대로 계획이 있어야 움직일 수 있다. 하지만 누구에게나 계획 짜기란 쉬운 일이 아닐 터, 이렇게 계획 짜기에 지친 현대인들을 위해 시에서 마련한 시티투어 버스가 있다. 순천, 여수에서 넘치지도 않고 부족하지도 않게 알찬 관광지만 방문해 보고 싶다면 시티투어 버스를 이용해 보는 것도 좋은 방법일 듯싶다.

순천 시티투어 버스를 미리 예약하지 않았다면, 역마다 있는 여행 상담센터에 들어가 구매할 수 있다. 코스는 오전, 오후 코스로 나뉜다.

여수에서 운영하는 시티투어 버스는 1코스, 2코스, 여자만 해넘이 코스, 야경 코스 이렇게 4개의 코스로 운행하고 있으니 주요 코스를 잘 살펴보고 원하는 코스를 선택하는 것이 현명하다.

TIP! 순천, 여수의 시티투어 버스는 코스별로 출발 장소가 다르므로 엉뚱한 장소에서 기다리지 않게 주의해야 한다. 특히 여수는, 미리 운영 업체와 여수 관광 홈페이지를 통해 예약을 하지 않으면 표를 구하기 어려울 수 있으므로 주의! 미리 관광할 코스를 살펴보고 순천, 여수 관광 홈페이지에서 팸플릿을 받아 보는 방법도 좋다.

여수 시티투어 버스

주최	여수시			
주관	(주)오동관광			
예약 안내	(주)오동관광 061-666-1201~2			
요금	구분	어른	장애인 · 군인 · 경로	초중고생
	요금	5,000원	4,000원	2,500원
운행 코스	1코스 (항일암)	주요 코스	여수엑스포역-오동도-진남관-해양수산과학관-향일암-여수시장(여수 수산물 특화시장)-여수엑스포역	
		출발 시간	10시	
		출발 장소	여수엑스포역	
		소요 시간	7시간 20분	
	2코스 (역사유적 코스)	주요코스	여수엑스포역-오동도-진남관-애양원 역사박물관-손양원 목사 유적 공원(순교기념관)-흥국사-여수수산시장-여수엑스포역	
		출발시간	10시	
		출발장소	여수엑스포역	
		소요시간	7시간 20분	
	일요일은 손양원목사유적공원 휴관으로 코스가 일부 조정됩니다.			

운행 코스	여자만 해넘이 코스	주요 코스	이순신광장 → 예울마루 → 소라 장척마을 → 돌산공원 → 이순신광장							
		출발 시간	매주 금요일, 토요일, 공휴일(추석휴무)							
			3월	4	5	6	7	8	9	10	11
			17:00	17:30	18:00	18:30	18:00	17:30	17:00	16:30	16:00
		출발 장소	이순신광장							
		소요 시간	3시간 15분							
	운영기간 : 2014.3.1~2014.11.8									
	야경 코스	주요 코스	여수엑스포역 → 국가산업단지야경 → 이순신대교 전망대 → 돌산공원 → 오동도 → 여수엑스포역							
		출발 시간	19시 30분							
		출발 장소	여수엑스포역							
		소요 시간	2시간 30분							

순천 시티투어 버스

주최	순천시		
주관	뉴삼우관광		
예약 안내	〈전화예약〉뉴삼우관광 : 061-742-5200, 관광안내소 : 749-3107, 4223 〈인터넷예약〉예약관광순천 홈페이지		
운행 코스	선암사 코스	주요 코스	순천역 → 드라마촬영장 → 선암사→ 낙안읍성 → 순천만정원 → 순천역
		운행	수, 금, 일(추석, 설연휴 제외)
		출발	팔마체육관 08:40 (순천역경유 09:00)
		도착	팔마체육관 18:00 (순천역경유 17:50)

요금 시기	어른	청소년	어린이	군인
4.20일 이후	14,700	10,200	5,600	10,200
9.25 ~10.5 (관광주간)	11,200	7,950	4,450	7,950

운행 코스	송광사 코스	주요 코스	순천역 → 드라마촬영장 → 송광사 → 낙안읍성 → 순천만정원 → 순천역
		운행	화, 목, 토(추석, 설연휴 제외)
		출발	팔마체육관 08:40 (순천역경유 09:00)
		도착	팔마체육관 18:00 (순천역경유 17:50)

요금 시기	어른	청소년	어린이	군인
4.20일 이후	15,500	10,500	6,300	11,500
9.25 ~10.5 (관광주간)	12,000	8,250	5,150	9,250

운행 코스	화수목금 코스	주요 코스	순천역 → 선암사 → 드라마촬영장 → 점심(웃장) → 문화의 거리 → 순천만 → 순천만정원 → 순천역			
		운행	화, 수, 목, 금			
		출발	팔마체육관 09:00 (순천역경유 09:30)			
		도착	팔마체육관 18:00 (순천역경유 17:50)			
요금 시기			어른	청소년	어린이	군인
4.20일 이후			13,200	9,200	5,100	9,200
9.25~10.5 (관광주간)			10,420	7,450	4,200	7,450

운행 코스	토일 코스	주요 코스	순천역 → 드라마촬영장 → 봉화산둘레길(죽봉도 청춘테크길) → 점심(웃장) → 순천만 → 순천만정원 → 순천역			
		운행	토, 일			
		출발	팔마체육관 09:00 (순천역경유 09:30)			
		도착	팔마체육관 18:00 (순천역경유 17:50)			
요금 시기			어른	청소년	어린이	군인
4.20일 이후			11,500	8,000	4,300	8,000
9.25~10.5 (관광주간)			8,750	6,250	3,400	6,250

에필로그

　작은 카메라 하나 들고 사람이 사는 마을 곳곳을 들쑤시고 다닌 적이 있었습니다. 마을의 불빛이 하나둘 켜지고 마을 초입에 핀 봉숭아처럼 수줍고 환한 달이 떠오를 때, 세상살이가 이처럼 고요하고 평온했으면 좋겠다는 생각을 했습니다.

　어느 마을에 이르러, 혼자 사시는 할머니의 아랫방을 얻어 고단했던 여행 가방을 풀고 소박한 저녁을 얻어먹을 때 차마 알지 못했던 행복이 밀려듭니다. 여행이라는 것이 거창하거나 먼 별의 이야기만은 아닌 거지요. 하지만 여행은 늘 어렵습니다. 때론 쉽사리 떠남을 결정하지 못할 때도 많습니다. 그러나 우리가 사는 순간순간, 작은 시간들을 쪼개어 우리는 여행을 떠납니다. 그곳엔 거짓말쟁이 양 떼들이 구름처럼 몰려 있기도 하고, 한없이 누추하지만 맑은 영혼을 가진 이들이 더불어 살고 있습니다. 그들을 만나 때론 속고 때론 울면서 지상에서의 고귀한 시간들을 만들어간다면 더욱 좋을 것 같습니다.

　이 책에 쓰인 내용은 여수세계해양박람회를 기해 간행됐던 책 《바다의 향기를 품은 도시, 여수를 만나다》의 내용을 부분적으로 손보고 《갈대정원 순천》의 새로운 내용들을 모아 나오게 되었습니다. 책이 나오기까지 저의 게으름 때문에 원고가 많이 늦어졌는데도, 애정으로 기다려주신 광문각의 식구들과 늘 곁에서 염려와 함께 포근한 사랑을 주신 곽재구 선생님, 부족한 사진작업을 도와주고 사진을 쓰게 허락해준 김태수, 홍승용님에게 감사의 말씀을 전합니다. 또한, 여수와 순천 그리고 구례, 광양, 벌교 보성, 고흥의 시군 관계자 여러분께도 고마움을 전합니다. 여행을 떠나 늘 새로운 세상을 만나는 분들께 이 책을 드립니다.

2014년 7월 순천만에서

지성배

여수지도

순천지도

여수 밤바다 이 조명에 담긴 아름다운 얘기가 있어
네게 들려주고파 전활 걸어 뭐하고 있냐고
나는 지금 여수 밤바다 여수 밤바다
:
너와 함께 걷고 싶다
이 바다를 너와 함께 걷고 싶어
이 거리를 너와 함께 걷고 싶다
이 바다를 너와 함께 걷고 싶어

여수 밤바다 이 바람에 걸린 알 수 없는 향기가 있어
네게 전해주고파 전활 걸어 뭐하고 있냐고
나는 지금 여수 밤바다 여수 밤바다

- 버스커버스커 〈여수 밤바다〉

사진이야기

와온포구를 기억하는 한 장의 사진이 있다. 아마도 내 인생의 첫 번째 카메라였던 니콘 FM2로 찍은 흑백사진이다. 이곳에서 어느 시인은 포구의 가로등마다 번호를 매겨 포구를 찾은 사람들에게 따뜻한 온기를 선물하곤 했다. 달은 이곳에 와서 첫 치마폭을 풀었고, 나는 첫 셔터를 눌러 세상의 웃픈 이야기를 담았다. 여행에서 가장 친근한 여행 친구 중 하나는 사진기가 아닐까 생각해본다.

해는
이곳에 와서 쉰다

전생과 후생
최초의 휴식이다

당신의 슬픈 이야기는 언제나 나의 이야기다
구부정한 허리의 인간이 개펄 위를 기어와
낡고 해진 해의 발바닥을 주무른다

달은 이곳에 와 첫 치마폭을 푼다
은목서 향기 가득한 치마폭 안에 마을의 주황색 불빛이 있다

등이 하얀 거북 두 마리가 불빛과 불빛 사이로 난 길을
리어카를 밀며 느릿느릿 올라간다

인간은
해와 달이 빚은 알이다

알은 알을 사랑하고
꽃과 바람과 별을 사랑하고

삼백예순날
개펄 위에 펼쳐진 그리운 노동과 음악

새벽이면
아홉 마리의 순금빛 용이
인간의 마을과 바다를 껴안고 날아오르는 것을 보았다

- 곽재구 〈와온바다〉

사람이야기

여수의 초도라는 섬에 가면 구십 평생 섬을 떠나지 않고(어쩌면 떠나지 못하고, 라는 표현이 맞겠다) 살아온 할머니를 만날 수 있다. 단 한 번도 섬 밖을 보지 못한 할머니가 과연 안타깝고 애처로울까? 하지만 할머니는 힘주어 말한다. 볼 거 다 보고 산다고, 쓸데없는 걱정 말라고… 우리는 여행을 통해 세상을 본다고 하지만 우리가 본 것들은 세상의 아주 작은 일부분에 지나지 않는다. 하물며 지금 이 순간, 여행가방을 꾸려 매고 길을 떠난 이는 무엇을 보고 무엇을 느낄 것인가?

학교에 다닌다는 것, 학생들을 가르친다는 것, 사무소에 출근했다가 퇴근한다는 이 모든 것이 실없는 장난이라는 생각이 든 것이다. 사람들이 거기에 매달려서 낑낑댄다는 것이 우습게 생각되었다.
:
다른 어느 곳에서도 하지 않았던 엉뚱한 생각을, 나는 무진에서는 아무런 부끄럼 없이, 거침없이 해내곤 했었던 것이다. 아니 무진에서는 내가 무엇을 생각하고 어쩌고 하는 게 아니라 어떤 생각들이 나의 밖에서 제멋대로 이루어진 뒤 나의 머릿속으로 밀고 들어오는 듯했었다.

- 김승옥 〈무진기행〉

Chapter 01

남도 여행

미리 보는 여수, 순천

순천에서 태어났고, 순천을 떠난 지 10여 년 만에 다시 순천으로 돌아왔다. 그리고 여수를 오가며 10여 년을 보냈다. 속속들이 순천과 여수를 안다 하지만, 사실 모르는 것이 더 많다. 모름지기 등잔 밑이 어둡다 하지 않았던가. 하지만 찬찬히 오래도록 들여다보면 볼만한 것들이 하나 둘씩 보이기 마련이고 남도의 정서를 느낄 만한 것들이 솔찬하다는 것을 알게 된다. 이곳은 아름답기 그지없는 순천과 여수이기 때문이다.

당신이 여수를 찾아왔다면 돌산대교를 건널 것이다. 돌산하면 코끝을 톡 쏘는 갓김치가 생각나겠지만, 돌산은 우리나라에서 일곱 번째로 큰 섬이며 무슬목과 방죽포, 향일암을 거쳐 군내리를 일주할 수 있는 아름다운 섬이다. 이순신 장군의 흔적이 도처에 남아 있는 옛 도심과 오동도의 붉디붉은 동백을 만난 후, 때 묻지 않은 돌산을 에돌아보면 여수의 정취를 한껏 느낄 수 있을 것이다.

암자에 오르기 전에 당신의 마음이 먼저 당도해 있다. 갓 태어난 붉은 태양에 소원을 빌어보며 잘랑잘랑한 마음을 다스려보는데 스님의 일갈, 해를 바라보는 것은 중생들의 마음. 부처가 상주하는 도량은 이미 해를 머금고 있다고….

향일암을 오르는 길은 가파르지만 그렇게 길지 않다. 가뿐하게 올라 푸르디푸른 바다를 맘껏 마시며 한 해를 기원해 보시라. 어디선가 당신의 어깨에 따뜻한 손길이 올라 근심과 걱정을 덜어주리니.

아직, 깨어나지 않은 꿈에는 거룩한 향기가 있다. 가 닿을 수 없고 만져지지 않는 곳에는 비릿한 사랑이 있다. 이른 아침 갈대 사이에서 먹이를 구하는 새들에게는 희망의 노래가 숨어 있다. 바다를 향해 뚫린 수로에는 간밤, 먼 별의 마을에서 내려온 이야기가 묻어 있다. 서걱이는 갈대들 사이로 산뜻하게 젖은 아침은 이렇게 온다.

사월이면 나리, 원추리, 찔레꽃이 피기를 기다리며 바다의 노래를 듣는다. 여수의 땅 어디에서든 바람은 마음의 골짜기를 들쑤시고, 짜한 갯내음에 섞여 피어나는 꽃송이 하나로 평화를 얻는다. 화알짝 꽃 핀 섬들을 바라보다 섬이 섬에게 쓴 편지를 공손히 읽어본다.

섬과
섬 사이로
새가 날아갔다

보라색의 햇살로 묶은
편지 한 통을 들고

섬이
섬에게
편지를 썼나 보다

해 질 녘 용산에 올라보라. 에스자 수로에 떨어진 붉은 노을은 지상에서 만난 가장 황홀한 잔치. 그대는 무슨 말을 할 수 있겠는가. 잠시 잠깐 사이 산 넘어 사라져버리는 해를 따라 여기까지 왔다. 평온과 감사, 안도의 시간들…. 수만 평의 황금 갈대들 사이로 먼 길을 날아온 철새들은 안락한 집 한 채를 스스로 얻는다.

Chapter 02

남도 여행

길 위에서 만나는 오감 만족, 알짜배기 추천 코스

PLAN 01 | 알짜배기 여수 추천코스

알짜배기 여수 공략 코스

오동도 → 구도심(진남관, 이순신 광장, 여객선터미널 주변, 풍물시장) → 돌산대교 → 무슬목, 여수 수산종합관 → 방죽포 → 향일암

여수(麗水), 이 말이 들려올 때 생애 전체가 한 울림 속으로 이어진다. 만곡진 연안들이 마음의 구봉을 세워, 그 능선에 엎어놓은 집들과 부두의 가건물 사이 바다가 밀물어와 눈부시다. 나 잠시 그 쪽빛에 짐 부려놓고서 어떤 충만보다도 돌산 건너의 여백으로 가슴 미어지게 출렁거렸다.

- 김명인 〈여수〉

여수를 찾아오는 여행자라면 제일 먼저 오동도에 들를 것이다. 밖으로 남해와 돌산이 둘러쳐 있고 안으로는 옛 항구를 포근히 감싸고 있는 오동도는 여수 여행의 출발지로서 손색이 없다.

오동도는 비밀스럽다

오동도는 두 개의 전설이 전해진다. 하나는 고려 말, 봉황이 오동 열매를 따 먹으러 날아들었는데 상서로운 일로 여겨 이를 경계하기 위해 신돈이 오동도에 있는 오동나무를 모두 베어버렸다는 것이다. 또 하나는 오동도에 아리따운 여인과 어부가 살았는데 어느 날 도적떼에 쫓기던 여인이 벼랑에 몸을 던져 정조를 지켰다. 이 사실을 뒤늦게 알고 돌아온 남편이 오동도 한쪽 기슭에 무덤을 만들었는데 북풍한설이 내리는 그해 겨울부터 하얀 눈이 쌓인 무덤가에 동백꽃이 피어나고 푸른 정절을 상징하는 시누대가 돋아났다 한다. 그러한 연유로 동백꽃을 '여심화'라 부르기도 한다.

오동도는 동백열차를 타고 들어가도 좋고, 방파제를 따라 천천히 걸어가도 좋다. 방파제가 끝나는 곳에서 산책길을 오르면 동백꽃이 붉게 떨어진 숲길을 바로 만날 수 있다. 동백의 절정은 1월부터 3월까지다. 하지만 겨울 시즌이 아니라도 오동도는 볼거리가 풍부하다. 시원한 바닷바람을 맞으며 산책하다 보면 어느새 전망대가 있는 등대에 오를 것이다. 드넓게 펼쳐지는 다도해를 감상하고, 용굴을 구경하거나 시누대 옆길을 거쳐 광장으로 내려오면 시원한 음악분수를 만난다. 또한, 낚시 포인트이기도 한 방파제는 낚시에 일가견이 없더라도 낚시줄을 드리우면 갈치나 꽁치를, 운 좋으면 감성돔도 낚아 올릴 수 있다. 그뿐인가! 시간을 잘 맞추면 해녀가 직접 잡아온 해삼과 멍게를 맛볼 수도 있다.

여수 와서 돈 자랑 하지 말라

오동도를 나와 돌산대교 쪽으로 향하는 길에 옛 구도심을 만난다. 여수 와서 돈 자랑 하지 말라고 했다. 그만큼 여수는 돈이 잘 돌았다고 한다. 그러나 그 좋았던 시절은 어디로 갔을까? 그 많던 생선 궤짝들은 어디로 사라졌을까? 약간의 쓸쓸함과 적막이 묻어 있는 구도심에 들어서면 진한 갯내음이 온몸을 파고든다. 구도심은 이순신 광장을 중심으로 진남관과 종포가 있는 해양공원, 그리고 여객선 터미널 주변의 시장 등이 볼거리다.

한때의 영화는 사라졌어도 구도심에는 넉넉한 인심과 향토의 맛이 아직 살아 있다. 여객선터미널 주변에는 몇십 년씩 한자리를 지키며 여수의 맛을 자랑하는 식당들이 즐비하다. 풍물시장에 들르면 팔팔 거리는 활어를 직접 회 떠주기도 하고 거문도 은갈치며 독병어, 삼치, 멸치 등을 저렴한 가격에 구입

할 수 있다. 또 여수의 자랑, 갓김치를 시식할 수도 있다. 아마도 이쯤에서 시장기가 돈다면 가까운 식당(여수의 맛 참조)을 들어가 보시라. 여수만의 푸짐하고 정겨운 밥상을 맛있게 받을 수 있을 것이다.

  어느 정도 시장기가 가셨다면, 돌산대교를 건너 돌산공원에 오르면 여수 도심과 다도해를 한눈에 감상할 수 있다. 저물녘에 오른다면 돌산대교의 멋진 야경을 덤으로 얻을 수 있다. 돌산대교를 건너면 돌산이다. 돌산은 우리나라에서 일곱 번째로 큰 섬이었다. 지금은 갓으로 유명해 졌지만, 한때는 보리와 어업이 주된 수입원이었다. 굽잇길을 여러 번 돌아 십 여분쯤 가면 여수 수산종합관 건물이 보이고 그 뒤쪽으로 무슬목이 있다. 무슬목은 몽돌이 많은 해수욕장이다. 몽돌밭에서 바다를 바라보면 두 개의 섬이 있는데, 밤섬이라 부른다. 새벽녘이나 저물녘에 해무와 함께 몽돌을 찍으려는 쟁이들이 많이 찾아 유명해졌다. 장노출로 찍힌 몽돌밭은 몽환적이다. 삼각대를 가지고 왔다면 셔터타임을 늘려 한 장의 작품을 만들어보자.

다시 차로 십여 분을 달리면 군내리와 향일암으로 갈리는 삼거리가 나온다. 향일암 쪽으로 좌회전해 오 분쯤 가다 보면 해송이 잘 어우러진 곳을 발견할 수 있다. 이곳이 방죽포해수욕장이다. 소나무 그늘에서 잠시 쉬거나 해수욕을 즐긴다면 그만인 곳.

해안선을 따라 가다 보면 남해의 멋들어진 푸른 바다를 눈 시리게 볼 수 있지만, 작은 어선들이 묶인 포구에 잠시 들러도 좋을 것이다. 마을의 주변은 일 년에 사모작을 하는 갓밭이 넓게 펼쳐져 있을 것이고, 잘 익어가는 무화과와 이끼 낀 돌담을 타고 넘은 능소화가 밝게 웃어줄 것이다.

임포리에 와서…

이제 돌산의 끝자락, 임포리에 다다랐다. 임포는 동백나무가 많은 작은 포구 동네다. 향일암은 임포마을을 거쳐야 오를 수 있다. 매년 새해 첫 일출을 보며 한 해의 건강과 안녕을 기원하려는 관광객이 늘어나면서 마을은 쉽게 유명세를 타게 됐다. 식당과 민박이 즐비하다. 향일암은 이제 두말할 것 없이 여수의 1번지 관광명소가 된 것이다. 탁 트인 바다를 보며 싱싱한 해산물도 먹고 별들과 파도가 찰랑이는 민박에서 하룻밤 묵어가면 세상의 번민이 문득 사라지고, 그 옛날 보랏빛 추억 속으로 빠져들 것이다.

PLAN 02 | 알짜배기 순천 추천코스

알짜배기
순천 공략 코스

순천만생태공원 → 순천만 정원 → 동천 → 죽도봉 → 드라마 세트장

순천을 찾아오는 여행자라면 당연히 순천만에 먼저 들를 것이다. 전라남도 남해안의 고흥반도와 여수반도 사이에 있으며, 세계 5대 연안 습지로 유명할뿐더러 '하늘이 내린 정원'이라 불리는 곳. 그뿐 아니라 우리나라 추천 여행지로서 베스트 중의 베스트로 통하는 곳, 순천만은 160여 만 평의 널따란 갈대밭으로도 이름났지만, 에스자 수로에 비치는 노을이 아름답기 그지없다. 여행객들은 노을(蘆갈대노乙새을)이 있기에 서걱거리는 갈대 사이에서 겨울 철새들의 몸짓을 오래도록 지켜볼 수 있는 행운도 얻는다. 어느 날이든 갈대밭을 산책하다 보면 한 무리의 고니떼가 나는 것을 볼 수 있다. 그들은 어떤 수도승의 행렬보다 경건하고 단아한 몸짓으로 일정한 간격을 유

지하며 아주 천천히 그들만의 방식으로 거처를 찾아 날아간다. 사실 평범하기 그지없는 철새들이 먼먼 길을 날아와 순천만의 개펄 위에서 갯지렁이와 고막을 캐 먹으며 한겨울을 넘기는 모습은 경이롭기도 하다. 옛 대대포구에서 무진교를 건너면 곧바로 갈대밭에 다다르는데 데크로 만든 산책로를 따라서 용산전망대에 오를 수 있다. 전망대는 가파르지도 멀지도 않아, 가볍게 산책하듯 오를 수 있고 확 트인 순천만과 여자만, 그리고 갈대군락과 에스 자로 길게 뻗은 수로를 감상할 수 있다.

순천만은 사실, 어떠한 수식으로도 부족함이 없다. 지질학자들의 연구에 의해 밝혀진 순천만의 형성 역사는 8,000여 년 전으로 거슬러 올라간다. 지구상의 마지막 빙하기가 끝나고 해수면이 높아지면서 우리나라의 서해가 중국 대륙과 맞닿은 육지에서 바다로 변하고 한반도의 모양이 지금의 형태로 변하였다고 한다. 기수지역으로 바뀐 순천만도 육지에서 강물을 따라 유입된 토사와 유기물 등이 바닷물의 조수작용으로 인하여 오랜 세월 동안 퇴적하여 넓은 갯벌이 형성된 것으로 추정된다. 순천만은 5.4km^2(160만 평)의 빽빽

한 갈대밭과 끝이 보이지 않는 22.6km²(690만 평)의 광활한 갯벌로 이루어져 있다. 겨울이면 흑두루미, 재두루미, 노랑부리저어새, 큰고니, 검은머리물떼새 등 국제적으로 보호되고 있는 철새 희귀종들이 순천만을 찾아온다. 순천만에서 발견되는 철새는 총 230여 종으로 우리나라 전체 조류의 절반가량이나 되며 2003년 습지 보호지역, 2006년 람사르협약 등록, 2008년 국가지정문화재 명승 제41호로 지정된 순천만은 농게, 칠게, 짱뚱어 등과 같은 갯벌 생물들이 한데 어우러져 살아가고 있다.

자! 이제 순천만을 둘러보았으면, 순천만을 보호하기 위해 조성된 '순천만 정원'으로 발길을 돌려보자. '순천만 정원'은 대한민국 최초 정원 축제인 2013 순천만국제정원박람회를 성공리에 개최한 후 정원박람회장을 '순천만 정원'으로 이름을 변경하여 새롭게 영구 개장했다. 이번 개장에 새 랜드마크로 떠오른 국내 첫 소형 무인궤도열차 '스카이큐브(SkyCube)'가 정식 개통됐는데, '스카이큐브'는 세계 최초로 배터리가 아닌 직접 전원공급 방식으로 제작돼 상용화한 무인궤도차(PRT)이자 국내 첫 소형 무인궤도열차인 PRT(Personal Rapid Transit)의 새로운 이름이라고 한다.

 지구의 정원을 표방한 '순천만 정원'은 사람과 자연, 도시와 습지가 공존하면서 만들어 낸 아름다운 가치를 세계인과 함께 나누고 누리는 생태 도시의 완성된 모습을 꿈꾸고 있다. '순천만 정원'은 크게 세계정원, 습지센터, 수목원, 습지 구역으로 나뉘며 총 111만 2,000m^2에 23개국 83개의 다양한 정원에 아름드리 나무 1만 5,000그루와 42만 4,000그루의 다양한 나무가 심어져 있다. 특히 순천의 지형과 물의 흐름을 살린 디자인으로 인기를 끈 '순천호수정원'은 세계적인 조경 건축자 찰스 젱스가 디자인했으며, 호수는 도심을 상징하고 호수를

가로지르는 나무 데크는 동천을 상징한다. 또 호수 주변으로 총 6개의 언덕이 있는데 난봉, 인제, 해룡, 앵무, 순천만, 봉화언덕 등으로 모두 주변 마을을 상징한다. 그리고 한국인 최초로 영국 첼시 플라워쇼에서 2회 연속 수상의 영예를 안은 정원 디자이너 황지해 작가가 디자인한 '갯지렁이 다니는 길'은 정원 속에 갯지렁이 형태의 갤러리와 도서관, 쥐구멍 카페, 개미굴 휴게공간 등으로 만들어져 있는데 정원 안에서의 '쉼'을 통해 드러나지 않는 생태계의 가치를 부여하는 정원이다. 또, 세계적인 설치미술가 강익중 작가가 디자인한 '꿈의 다리'는 컨테이너박스 30개로 만들어져 있는데, 그 안에는 어린이들이 그린 그림 14만여 점으로 꾸며져 아이들이 꾸는 꿈이 자라서 현실이 되는 상상을 하게 하는 꿈의 공간이다. 갈대 바람과 맑은 햇살 사이로 정원의 꽃들이 자라고 사람들이 하나둘 모여든다. 가족과 연인과 함께 걷는 '순천만정원'에서의 산책은 일상에서의 지친 날들을 치유하는 힐링이 될 것이다.

순천만과 '순천만 정원'은 동천을 따라 이어져 있다. 동천은 봄이면 둑을 따라 개나리와 벚꽃이 장관을 이루어 그린샤워(회사 또는 가정에서 점심시간이나 자투리 시간을 이용해 도심 속 자연을 걷는 휴식을 말함)를 즐길 수 있다. 그리고 서면 선평리에서 순천만 입구 맑은물관리센터까지 총 22.5km의 자전거 도로는 탄성포장을 해 자전거를 즐기는 시민들의 하이킹 코스로 주목받고 있다.

그리고 동천을 따라가다 보면 구도심과 신도심을 연결하는 봉화터널 방향으로 죽도봉을 올라갈 수 있다. 죽도봉은 멀리 순천만과 구도심의 전경을 한 눈에 볼 수 있는 곳이다. 죽도봉을 올라가는 길은 세 방향이 있는데, 동천 장대공원 쪽에서 청춘데크길을 통해 올라가거나, 메인 도로인 죽도봉길을 따라 오를 수도 있고, 철도운동장 방향에서 올라갈 수도 있다. 순천시는 스쳐가는 관광지가 아닌 체류형 관광 기반 시설 마련을 위해 봉화산 둘레길을 개발했다. 봉화산 둘레길은 용당동, 조곡동, 생목동, 조례동, 서면 등 5개 지역으로 봉화산 3부 능선에 길이 14.0km 둘레를 자연 지형에 맞는 '평지 형태'로 조성해 관광객들이 쉽게 이용할 수 있도록 만들었다. 첫 번째 코스는 죽도봉~업동저수지까지며, 2코스는 업동저수지~망북마을, 3코스는 망북마을~봉화그린빌, 4코스는 봉화그린빌~죽도봉까지다. 순천만에서 순천만 정원, 그리고 동천 장대공원과 죽도봉을 연결하는 청춘데크길을 통해 관광객들이 쉽고 간편하게 동천에서 죽도봉과 봉화산 둘레길을 올라 순천을 감상하게 했다.

죽도봉에 올라 순천의 전경을 감상했다면, 이제 눈길을 돌려 신도심 끝자락에 있는 드라마 세트장을 찾아보자. 드라마 세트장은 각각의 특색을 가지고 있는 순천읍 세트장, 서울 변두리 세트장, 서울 달동네 세트장으로 크게 세 곳으로 나뉘어 있다. 이곳에서 촬영된 드라마와 영화는 꽤 많은데 아마도 옛날 1970-1980년대 배경의 영화, 드라마는 이곳을 안 거친 작품이 없을 정도다. 몇 개를 나열하자면 〈에덴의 동쪽〉, 〈사랑과 야망〉, 〈자이언트〉, 〈제빵왕 김탁구〉, 〈빛과 그림자〉, 〈사랑비〉, 〈늑대 소년〉 등이 있다. 세트장은 모든 건물을 겉면만 옛 모습으로 바꾸어 놓은 것이 아니라, 드라마 촬영 시기가 되면 좀 더 세밀한 세팅이 되겠지만 어느 정도 소품들까지 갖추어놨다. 이발관, 떡집, 석유집, 다방, 극장 등 정겨움과 애틋함이 가득한 드라마 세트장으로의 소풍도 순천을 즐기는 하나의 방법이 될 듯하다.

PLAN 03 | 여수 해안가 코스

질주와 낭만 사이
여수 해안가 코스

- 1코스 : 와온 → 사곡, 달천 → 관기 → 화양 → 백야
- 2코스 : 돌산대교 → 향일암 → 군내 → 평사

1코스

1코스 : 와온 → 사곡, 달천 → 관기 → 화양 → 백야

와온(臥溫), 갈대와 억새가 지천인 863번 지방도로. 지명의 따뜻함 때문인지 와온은 이미 시인이 노래하는 곳이 되었다. 저물녘 뻘밭에 쏟아진 시를 건져 읽으며, 별과 인간과 바다에 대해 이야기할 수 있는 유일한 곳. 그곳에 다다랐다면 당신은 무엇을 할 것인가? 뻔한 길과의 연애에 지쳐서 붉게 번지는 노을에 마음을 베어도 좋다면 찾아오시라.

산이 가랑이 사이로 해를 밀어 넣을 때,
어두워진 바다가 잦아들면서
지는 해를 품을 때,
종일 달구어진 검은 뻘흙이
해를 깊이 안아 허방처럼 빛나는 순간을 가질 때,

해는 하나이면서 셋, 셋이면서 하나
도솔가를 부르던 월명노인아,
여기에 해가 셋이나 떴으니 노래를 불러다오
뻘 속에 든 해를 조금만 더 머물게 해다오

저녁마다 일몰을 보고 살아온
와온 사람들은 노래를 부르지 않는다
떨기꽃을 꺾어 바치지 않아도
세 개의 해가 곧 사라진다는 것을 알기에
찬란한 해도 하루에 한 번은

짠물과 뻘흙에 몸을 담근다는 것을 알기에
쪼개져도 둥근 수레바퀴,
짜디짠 내 눈동자에도 들어와 있다
마침내 수레가 삐걱거리며 굴러가기 시작한다

와온 사람들아,
저 해를 오늘은 내가 훔쳐간다

- 나희덕 〈와온(臥溫)에서〉

시인은 와온에 와서 해를 훔쳐가는 도둑이 되고 만다. 그것을 알게 된 뭇사람들도 이곳에 오서 노을을 훔치기 시작했다. 그래, 붉은 적막 속에서 오늘만큼은 가슴을 열고 해와 별과 달을 듬뿍 담아가시라. 더불어 공짜이니까.

예쁜 카페가 많은 사곡

와온을 거쳐 여자만을 바라보며 달리다 보면 사곡마을이다. 언제부턴가 노을이 아름다운 이곳에 하나둘씩 예쁜 카페가 들어서기 시작했다. 모리아, 마띠우, 티롤, 아델라, 일마레. 이름들만큼 잘 가꾸어진 정원에서 뉘엿뉘엿 넘어가는 금빛 석양을 감상하며 차 한 잔을 마시거나 간단한 요기를 해도 좋을 일이다.

하늘에 이르는 길, 달천(達天)

봉전과 반월, 계당, 선학 마을을 차례로 지나면 달천에 이른다. 달천 마을은 육지 쪽인 육달천과 섬 쪽인 섬달천으로 나뉘어 있었는데, 지금은 다리가 놓아져 연륙이 되었다. 달천에 들어서면 생선 알집처럼 둥글게 감아 돈 만 안으로 마을의 집들이 자리하고 있다. 하늘에 이르길 원해서 달천일까? 물었더니 달천의 옛 이름은 '달래'라 한다. 사연 없는 마을이 없듯이 '달래'란 이름도 어떤 애틋한 이야기를 담고 있지 않을까를 생각해본다. 섬달천 포구에 나가면 하루에 네 번, 여자도를 향하는 배를 탈 수 있다.

힛도에서 백야를 건너다

꼬불꼬불한 해변 길을 따라 한참을 달리자 관기마을이 나온다. 여수 시내를 향할 것인가 화양면으로 접어들 것인가의 갈림길인 셈이다. 화양면을 택하고 끝까지 달려가면 힛도가 나온다. '힛도'는 백야도의 우리말 이름인 '희섬'과, 섬과 섬이나 육지 사이에 물살이 빠른 곳을 이르는 지명 '도'가 합쳐져 '힛도'라고 부르게 되었다 한다. 힛도에서 백야대교를 건너면 백야도를 둘러 볼 수 있다. 백야 선착장에서는 공룡화석으로 유명해진 사도와 낭도로 가는 배를 탈 수 있다.

2코스

2코스 : 돌산대교 → 향일암 → 군내 → 평사

돌산 일주

여수 드라이브 코스의 백미, 돌산 일주는 확 트인 바다를 끼고 장장 59.8km(아래 거리 참조)를 돌아 나오는 아름다운 길이다. 근래 라이딩 코스로도 각광을 받고 있는 돌산은 어디에 눈을 돌려도 감탄사가 절로 나온다. 향일암에서는 일출을, 평사에서는 일몰을 감상할 수 있으며 사람들이 붐비지 않는 조용한 포구에 낚싯대를 드리우면 감성돔 한 마리쯤은 거뜬하지 않을까?

돌산대교 8km → 무슬목 3.3km → 계동 6km → 방죽포해수욕장 7.5km → 향일암 6km → 성두 9km → 군내 8km → 평사 4km → 무슬목 8km → 돌산대교 : 총 59.8km

군내와 평사

향일암을 품고 있는 금오산 자락을 지나 내려오면 작금마을을 만난다. 작금은 갯바위 낚시로 유명하지만, 마을의 언덕에 오르면 화태, 나발, 횡간, 금오도 등의 다도해를 감상할 수 있다.

언덕에서 내리막길을 타고 오건 신기를 지나고 곧 군내리를 만난다. 군내는 방답진 선소가 있는 포구다. 아침 일찍 공동위판장에 가면 활어 경매도 구경하고 제철의 생선을 저렴한 가격에 구입할 수 있다.

평사하면《토지》의 평사리를 생각할 수도 있지만, 여수의 평사는 굴구이와 해넘이로 유명하다. 영양이 풍부한 굴은 한자로 '돌에서 피는 꽃'이란 의미에서 "석화(石花)"라 부르며, 11월에서 3월이 제철이다. 평사는 굴양식장이 드넓게 펼쳐져 있어 노을과 함께 굴구이를 맛볼 수 있다. 아직 굴구이를 맛보지 못했다면 해돋이와 해넘이 감상을 겸해 돌산 일주를 해보는 것은 어떨까?

PLAN 04 | 순천 해안가 코스

철새와 갈대 사이
순천 해안가 코스

● 코스

별량 거차 → 화포 → 쇠리(우명) → 장산 → 순천만 → 와온해변

별량 거차

밤별을 보고 싶다면 거차에 가라. 거차 방파제에 앉아 밤하늘을 올려다보면 쏟아지는 뭇별들을 한없이 만날 수 있으리. 그 곳에서 별을 보며 밤을 지새본 사람이라면, 세상의 모든 아름다움이 어디에서 오는지 알 수 있을 것이다. 거차는 거찰개(巨車乙浦)로 불리다가 거차가 되었을거라고 추측하는데, 바위 모습이 거칠게 생긴 포구 마을이라는 뜻을 가지고 있기도 하고, 마을 할머니들의 말을 빌리면 살아가는게 거칠거칠해서 거차 마을이 되었다고도 한다. 갯벌에서의 삶이 얼마나 고단했을까를 짐작해 볼 수 있는 말이다.

용두 황새등 선착장으로부터 거차, 창산, 화포, 쇠리(우명), 장산으로 이어지는 17km나 되는 해안도로를 따라 펼쳐지는 포구와 갯벌, 여름이 오면 동네 입구에 노란 꼬들배기 꽃이 피어있고, 마을 사람들은 널(뻘배)을 타고 뻘

밭에 나가 맛조개를 캐고 짱뚱어, 참꼬막, 게를 잡는다. 또한 마을 앞 갯벌에서는 뻘배 체험도 할 수 있어 아이들과 함께 찾아도 좋다.

화포

말 그대로 꽃잎을 닮아 화포일까? 동네 할아버지는 뒷산 언덕빼기에 진달래랑 산꽃들이 무지하게 많이 피어나서 화포라 불렀다한다. 그리고 아침마다 피는 꽃이 하나 더 있다는데, 바다 건너 해룡면 앵무산에서 해가 뜨면 동백꽃보다 붉게 물든다는 그 꽃이다. '일출도 보고 소원도 빌고' 라는 테마로 1월의 가볼만 곳으로도 선정된 화포는 순천만의 서쪽 끝머리에 터를 이루고 있는 30여 가구의 작은 마을이다.

순천만은 구불구불한 리아스식 해안선이 발달해서, 해안을 따라 드라이브를 하거나 자전거를 타고 가다 보면 크고 작은 섬들과 갈대숲에서 잠을 자고 나온 철새들을 감상할 수 있어 좋다. 또한, 해돋이는 순천만 전망대라 불리는 화포를 제일로 친다. 여자만 앞바다까지 탁 트인 전경이 보이며, 매년 해넘이와 해돋이를 감상하기 위해 사람들의 발길이 끊이지 않는다.

내가 그곳에 다다랐을 때 순천만은 도요새들을 모아놓고 출석 점검을 하고 있었다. 민물도요 청다리도요 깝작도요 삑삑도요 붉은어깨도요 개꿩 뒷부리도요 꼬까도요. 그중 내 한 뼘보다 작은 밀물도요 한 마리가 깐작깐작 맨발로 갯벌에 들었다가 옴지락달싹 못하고 버둥거리고 있었다. 저만치 갈기슭에서 이 광경을 보고 있던 동무들이 포롱포롱 다가가 그 도요새를 에워싸고 우우우 격렬한 날갯짓으로 솟아오르는 것이었다. 순간, 해닥사그리한 석양 빛살이 그들의 하얀 뱃살에 부딪쳐 꽃잎처럼 갯벌 위로 풀풀풀 흩날렸다. 가슴이 들렁글렁해지는지 순천만이 꿈틀거리기 시작했다.

- 허형만 〈순천만에서〉

쇠리_우명

   화포에서 좌로 돌아가면 쇠리가 나오는데, 원래 화포를 쇠리라고 불렀다고도 한다. 소가 한가로이 되새김질하는 형국이라 산에서 보면 영락없이 쇠리 형상이라고도 하는데, 쇠리회관 앞에는 오래된 앵두나무 한 그루가 있다. 앵두가 열리는 봄날이면 앵두서리를 하러 밤시간(?)에 들르곤 하였는데 그 맛이 일품이다. 쇠리회관에서는 그날그날 잡아온 낙지와 조개류로 해물탕을 끓여준다. 도심에서 맛볼 수 없는 갯벌에서 갓 나온 해산물의 진정한 맛을 볼 수 있다.

   해안길을 따라 좀 더 거슬러가면 우명마을이다. 일명 소울음마을. 우명포구는 물이들면 잠기는 구조다. 물이 빠지면 낚시를 즐기는 사람들이 여럿 있어 숭어나 망둥어 등을 잡는다. 또 마을의 몇몇 집들 건조대에는 약간 혐오스러운 생선이 걸려 말려지고 있는데, 생김새와 다르게 맛이 뛰어난 대갱이라 한다. 대갱이는 주로 양념에 버무려 먹는데, 펄 속 가장 깊은 곳에서 열두 구멍을 뚫고 살기 때문에 장어처럼 힘이 좋아 사람들이 많이 찾는다고 한다. 마을을 거슬러 좀 더 오르면 순천만과 여자만을 한눈에 전망할 수 있는 언덕이 나온다. 양식을 위한 폴대들이 가지런히 배열된 뻘밭을 감상할 수 있고 우명 포구와 철새들을 감상하기에 좋다.

장산

우명의 전망대를 지나 내려가면 갈대의 둥근 군락들과 붉은 칠면초가 가득한 장산마을을 만난다. 장산은 얼마 전까지 소금 생산으로 유명하였으나 지금은 새우양식으로 바뀌어 가을이면 통통히 살이 오른 소금구이를 맛볼 수 있다. 뚝방길을 따라 옛 대대포구쪽으로 가다보면 갯벌체험장이 나온다. 이곳은 데크를 조성해 좀 더 가까이서 갈대와 갯벌 생물들을 볼 수 있게 해놨다. 갯벌체험은 생태보존을 위해 쉬는 해를 정해 놓았기 때문에 체험을 하려면 이를 염두해 둬야 한다. 장산으로부터 대대포구까지 드넓게 펼쳐지는 갈대군락은 언제 보아도 아름답다. 새벽이면 안개에 젖은 갈대와 갈대숲에서 잠을 자는 철새를 볼 수 있으며 해 질 녘에는 노랗게 물든 갈대를 감상할 수 있다.

갈대와 철새사이 드라이브 코스는 순천만 자연생태공원을 중심으로 거차, 화포에서 해룡의 와온까지 이어진다. 이 길은 서걱이는 갈대와 철새와 뜨는 해와 지는 해를 모두 볼 수 있는 지상에서 가장 아름다운 길이라 말해도 손색이 없다.

PLAN 05 | 섬 나들이 코스

섬섬섬,
섬 나들이 코스

섬에 살아보지 않은 사람들에게 섬은 꽤 낭만으로 다가온다. 그도 그럴 것이 페리호를 타고 탁 트인 바다의 물살을 가르며 육지에서 섬으로 건너가는 일은, 쳇바퀴처럼 돌아가는 일상에 단절감을 주고 해방감을 불러일으키기 때문이다. 언젠가 막연히 외딴섬 민박에 며칠이나마 머물기를 소원해 본 적이 있을 것이다. 섬, 이 소리만 들어도 가슴이 쿵쾅거리고 애인을 만나러 가는 길처럼 전율이 일지는 않았는지. 자! 이제, 푸르다 못해 시린 바다와 뭉게구름이 떠 있는 하늘을 배경으로 우뚝 서 있는 하얀 등대가 있는 섬으로 떠나보자. 철썩거리는 파도소리와 해안가 모래밭에 쏟아지는 밤 별들과 친구가 되어보자. 끼룩이는 갈매기떼도 그대를 반겨주리니.

여수는 행정구역상으로 317개(유인도 49개, 무인도 268개)의 섬이 있다. 그야말로 다도해다. 여수는 곳곳에 흩어져 있는 섬을 테마로 관광 자원 개발 계획을 수립하고 있다. 사도, 낭도 지구는 '생태, 휴양의 섬'으로, 백야도 지구는 학습 및 체험 관광을 위한 '가족의 섬'으로, 거문도, 백도 지구는 '역사, 문화의 섬'으로, 화정면 상화도, 하화도는 '꽃의 섬'으로 남면 금오도는 '등산의 섬'으로 테마를 부여하여 천혜의 보고인 다도해의 아름다움을 알리려 한다.

'거문도 백도에 이르다'

섬들이 주고받는 은빛 언어

"참으로 그리운 소리 통통통. 섬과 섬 사이에 가득하던 그 소리들. 마치 꼬마들이 달려가는 소리 탕탕, 뒤란에 감 떨어지는 소리 통통, 흡사 양철지붕에 소나기 내리는 소리 토도도통. 어쩌면 개살구가 떨어져 구르는 소리 팅팅. 간혹 아이고 이놈의 먼지 좀 봐라. 엄마가 아이 엉덩이 때리는 소리 텅텅. 그 중에서도 고무공 튀는 소리 통통통."

- 한창훈〈바다도 가끔은 섬의 그림자를 들여다본다〉

바다도 가끔은 섬의 그림자를 들여다볼까? 거문도에 오면 문명은 잠시 잊어도 좋다. '아름다운 자연에 취하고, 섬이 낳은 인물에 감동하고, 마지막으로 역사에 눈을 돌린다'는 거문도. 거문도는 삼호교, 거문도 등대, 관백정 등의 명소들과 동백숲 등산로를 비롯해, 기와집 몰랑, 유림 해수욕장, 수월산, 망향산, 신선바위 등의 아름다운 자연경관이 일품이다. 그중에서도 서도의 최고봉 음달산 위에는 붉은 동백꽃이 약 2km 터널을 형성하고 있는데, 바다를 방패막 삼아 흐드러

지게 핀 동백꽃들이 마치 비밀의 화원에 들어온 듯한 신비한 인상을 심어준다. 이 비밀스런 동백나무 터널을 지나면 동양 최대의 프리즘 렌즈를 자랑하는 거문도 등대와 관백정이 나타난다. 어느 솜씨 좋은 조각가가 몰래 깎아 놓고 간 듯한 절벽, 육모 정자의 관백정에 오르면 꼭, 섬들이 주고받는 눈부시도록 아름다운 은빛 언어를 직접 눈으로 확인해 보라. 그 아름다움에 한동안 말을 잇지 못할 수도 있을 것이다.

거문도에서 동쪽으로 28km 떨어진 백도는 39개의 바위로 이루어진 무인 군도로 높고 얕은 기암괴석과 깎아지른 절벽들이 장관을 이루고 있으며, 매바위, 서방바위, 궁전바위, 석불바위 등에 얽힌 갖가지 전설이 가득한 곳이다. 거문도는 어디 하나 명소가 아닌 곳이 없지만, 그중 수많은 세월 동안 해식과 풍화에 깎기고 다듬어져 형성된 섬 주위를 돌아 백도를 거쳐 오는 뱃길 기행은 거문도 기행의 백미이다. 이처럼 이 두 섬은 마치 전설 속의 우애 좋은 친자매처럼 아주 오래전부터 그 자리에서 함께 살아 숨 쉬고 있는 듯하다. 거문도와 백도에 가면 섬들이 펼쳐놓는 투명 수채화에 들어가 충분히 머무르다 나오자.

'파도에 몸을 적시다'

금오도에서 소리도까지

자라를 닮았다 하여 금오도, 섬의 형태가 기러기 모양과 같다 하여 안도 또, 소리개가 새를 차고 나는 모양으로 생겼다 하여 소리도라 부르는 '연도'는 다도해 해상국립공원으로 지정되어 있다. 이곳은 신석기 시대부터 사람이 살았던 흔적이 발견되었다.

뼈로 만든 낚싯바늘로 고기잡이하며 평화롭게 살았던
신석기 시대의 한 부부가 여수항에서 뱃길로 한 시간 남짓 떨어진
한 섬에서 서로 꼭 껴안은 채 뼈만 남은 몸으로 발굴되었다
그들 부부는 사람들이 자꾸 찾아와 사진을 찍자
푸른 하늘 아래 뼈만 남은 알몸을 드러내는 일이 너무 부끄러워
수평선 쪽으로 슬며시 모로 돌아눕기도 하고 서로 꼭 껴안은 팔에 더욱더
힘을 주곤 하였으나 사람들은 아무도 그들이 부끄러워하는 줄 알지 못하고
자꾸 사진만 찍고 돌아가고 부부가 손목에 차고 있던 조가비 장식구만 안타까워
바닷가로 달려가 파도에 몸을 적시고 돌아오곤 하였다.

- 정호승 〈포옹〉

'사도, 공룡의 꿈속으로'

신비의 타임 로드가 펼쳐지는 보석상자, 사도

바퀴달린 물건이라곤 리어카와 이장님이 타는 낡은 오토바이 한 대. 한때는 500여 명의 주민이 살기까지 했으나, 지금은 약 스무 가구 50여 명이 거주. 평균연령 71세. 여수항에서 뱃길로 27km. 백야대교 선착장에서 1시간 거리의 가깝고도 먼 섬.

바다 한가운데 모래로 쌓은 섬 같다 하여 붙여진 이름 사도(沙島). 이 신비의 섬에서는 매년, 과거로의 시간여행이 펼쳐진다. 사도는 본도·추도·간도·시루섬·나끝·연목·진대성의 7개 섬으로 이루어져 있는데 해마다 음력 2월 15일경이면 7개 섬이 'ㄷ'자로 이어지는 모세의 기적과 같은 현상이 일어난다. 그러나 근래 온전한 'ㄷ'자 바닷길을 보기란 쉽지는 않다. 그러나 1년 중 바닷물이 가장 많이 빠지는 이때, 마을 사람들은 이곳에 나와 낙지, 해삼, 개불, 고둥 등을 줍는다. 이날만큼은 자연이 사도에게 주는 호화로운 축복이 아닐는지.

사도는 공룡화석과 발자국이 발견된 이후 '공룡의 섬'으로 불린다. 이 섬에서는 고대에서 시간이 아주 멈춘 듯하다. 무척 선명한 공룡 발자국이 마치 얼마 전의 일인 양 태연하게 찍혀 있다. 시간을 거슬러 여행하는 듯한 묘한 매력을 가진 사도는 여수의 타임로드 보석상자가 아닐까.

PLAN 06 | 꽃 핀 바다의 섬들

꽃 핀
바다의 섬들

여수 바다는 두 손에 하나씩의 풍선을 들고 소풍가는 어린 소년의 이미지를 지니고 있다. 소년의 모습이 여수반도라면 두 개의 풍선은 각각 여자만과 가막만 바다를 일컬은 것이다. 봄날 이 두 개의 만 입구와 그 안에 뿌려진 섬들의 모습은 옛집 돌각담 담장 아래 피어난 살구꽃 복숭아꽃들의 모습들만큼이나 가슴을 설레게 한다.

여행자가 처음 여수 바다에 이르러 어느 섬을 찾아가지? 하고 고민하는 것은 의미가 없는 일이다. 지도에서 처음 눈을 맞춘 섬의 이름을 찾아가도 되고 선착장에서 만난 이들을 붙잡고 어느 섬을 들어가는 게 좋을 것인가 물어도 좋을 것이다. 개도나 낭도, 금오도나 사도, 손죽도나 거문도의 이름이 흘러나오거든 기꺼이 그들 섬으로 향하는 여객선에 오르면 되는 것이다. 왜? 이유는 없다. 이곳은 여수 바다이며 여행자에게 이곳 바다는, 이곳의 섬들은 모두 여수(旅愁)의 감정으로 다가오는 것이다. 더욱이 그 감정이 외롭지도 쓸쓸하지도 않고 한없이 빛나고 따스한 것이라면, 두 손에 색 풍선을 들고 소풍을 가던 유년 시절을 떠올리게 하는 것이라면 이곳 바다의 어디를 찾아가나? 하고 망설이는 궁색한 시간으로부터 자유로울 수 있을 것이다.

만약에 당신이 아주 외롭거나 심드렁한 여행자라면, 지도도 읽기 싫고 사람들을 붙들고 물어보는 것조차 번거롭게 느껴진다면, 그러면서도 이상하게 여수의 섬 몇 개쯤을 들르고 싶다는 열망을 느낀다면 우선 여수 시내에서 제일 가까운 섬 경도부터 들르는 것도 괜찮은 일이다.

국동 선착장의 간이 매점에서 오뎅 두 꼬치를 먹는 동안 경도로 가는 작은 여객선이 선창에 들어선다. 승용차 두 세대를 함께 실을 수 있는 이 작은 카페리를 내 생애에 몇 차례나 탔는지 잘 기억하지 못한다. 처음 이 배를 타지 십 년이 넘었고 한 철에도 여러 번씩, 어떤 때는 매주 한 번씩 이 배에 올랐으니 이 섬과 이 배와 나는 전생에 어떤 인연이었을까, 생각이 드는 때도 있는 것이다. 이 배를 타기 위해 기다리는 불과 10여 분의 짧은 시간 내 가슴은 뛴다. 배에 올라 경도에 내리기까지 불과 5분쯤의 시간에도 내 가슴은 뛴다. 물살을 가르며 배가 천천히 경도에 다가갈 때 나는 인생이란 게 참으로 단순한 무엇이라는 생각을 하게 된다. 기다리는 누군가가 있는 것도 아니고 책이나 영화에 소개된 유명한 그 무엇이 있는 것도 아니다. 그럼에도 경도를 생각하고 경도에 발을 내릴 때 내가 쓴 어떤 시에서보다 따스한 설렘을 느끼게 되는 것이다.

오랫동안 나는 경도행 카페리를 탈 때 일몰 전 한 시간을 고수해 왔다. 5분의 항해 끝에 경도에 이르면 우선 선착장 바로 곁에 서 있는 지중해풍 2층 건물에 들어서곤 했다. 몇 년 전까지 이 집은 '르 솔레이'라는 이름이 붙은 카페였다. 온통 흰색인 이 집의

벽에는 르느와르의 피아노 앞의 아가씨들이 인쇄된 그림이 붙어 있고 작은 책꽂이에는 기형도의 시집을 비롯한 몇 권의 시집과 여행 안내서 같은 책들이 꽂혀 있었다.

2층의 테라스에서 바람의 냄새를 맡으며 몇 권의 책들을 뒤적거리다 나올 무렵 '르 솔레이'만의 작은 이벤트가 펼쳐졌다. 나는 이 이벤트가 세상의 어떤 이름난 공연보다 더 좋았다. 그것은 이 집의 주인이 떠나는 손님들을 위해 준비한 작은 선물 증정식이었는데 그 선물이 원고지였다. 100매쯤 묶인 작은 시집 사이즈의 원고지 한 묶음을 선물로 주는데 그 원고지 하단에 '르 솔레이'라는 푸른빛의 상호가 박혀 있었다. 세상에 선물로 원고지를 주는 카페가 있다니! 나는 원고지를 받을 때마다 마치 태양신이 주는 선물을 받는 것처럼 마음이 뜨거워졌지만 내가 시를 쓰는 사람이란 말은 주인에게 하지 못했다. 르 솔레이. 태양. 눈부신 빛. 설레이는 물살. 바다 내음. 산비탈에 닥지닥지 늘어선 아파트의 불빛들조차 가슴 시큰한 아름다움으로 건네주는 마법을 르 솔레이는 지녔다.

꽤 오랫동안 나는 동무들이 어디선가 찾아오면 너, 내 애인한 번 만나 볼련? 하고 르 솔레이를 찾았고 그곳의 2층 테라스에서 커피 한 잔을 마시고 이런저런 이야기를 나누다가 원고지 선물까지 이르게 되면 비로소 내가 왜 이 집을 애인이라 불렀는지 이해했다.

경도. 거울을 닮은 섬. 모든 것을 있는 그대로 비춰내는 섬. 경도에서의 일몰은 생이 지닌 가장 따뜻한 빛의 우수와 낭만의 감정을 펼쳐낸다. 천천히 바다가 저물어갈 무렵 예민한 여행자라면 이곳 바다가 펼쳐내는 신비한 빛의 축제를 눈앞에서 확인할 수 있다. 9할 이상의 어둠이 세상을 뒤덮는데도 바다의 물빛은 더욱 신비한 푸른빛을 띠게 되는 것이다. 시인 황지우는 이 시간의 고요한 바다를 이렇게 노래했다.

물기 남은 바닷가에
긴 다리로 서 있는 물새 그림자
모든 것을 잃어버린 사람처럼 서서
멍하니 바라보네
저물면서 더욱 빛나는 저녁바다를

- 〈저물면서 빛나는 바다〉, 전문

바다에 생을 펼친 어부들만이 이 순간을 제대로 기억하고 있다는 뜻에서 피셔먼스 블루(Fisherman's Blue)라는 단어가 태어났을 것이다. 바다는 온종일 쏟아졌던 태양의 시간을 충분히 기억하고 아쉬움 속에 어둠을 맞이하는 스스로의 의식을 내면 속에 간직하는 것이다. 그러므로 경도에서의 일몰은 모든 것을 잃어버린 사람이 외롭게 맞이하는 일몰이 아니라 모든 것을 다 지우고 빈 가슴으로 새로이 어떤 시간을 맞이하는 제례 의식 같은 느낌을 준다. 그것이 내가 경도의 일몰을 사랑하는 이유이다.

경호리와 오복리에는 사람들이 모여 사는 마을이 있다. 경도 선착장에서 승용차로 천천히 15분 거리인 이 두 마을을 들르지 않고서는 경도 여행을 생각할 수 없을 것이다. 경호리의 바다는 말 그대로 거울과 호수의 속성을 그대로 지니고 있다. 나는 우리나라에서 물수제비를 뜨기 가장 좋은 세 곳의 바다를 알고 있다. 남해 상주의 초전리 앞바다와 여수 바다 사도의 해변, 그리고 이곳 경호리의 앞바다이다. 보길도 예송리의 해변이나 완도 정도리의 해변도 물수제비를 뜰 수는 있지만, 이곳의 바다들은 기본적으로 외해의 속성을 지니고 있는 데다 돌들의 규격도 크다.

고향 집 할머니가 들고 온 고구마 봇짐만 한 크기의 경호리 바다에서 물수제비를 뜨고 놀다 운이 좋으면 이제 막 그물을 거두어 돌아오는 사람들을 만날 수도 있다. 어느 해인가 친구 나해철, 최두석과 함께 경호리에 들렀다가 하모(참장어)를 잡아오는 어부들을 만나 즉석 회에 소주를 나눠 마신 적이 있다. 마침 한 친구가 피부과 전공의인 탓에 어부들의 손발에 난 피부병을 진료해 주고 뒤에 약봉지를 부쳐 주었는데, 즉석회에 대한 감사의 대가로 썩 어울리는 것이었다.

경호리에서 오지박 길을 따라 세 마장 쯤을 걸으면 오복리에 이른다. 오복리에서 바라보는 여수항의 야경을 무어라 말할 수 있을까. 처음 오복리에서 여수의 밤 풍경을 바라보았을 때 잠시 눈물을 흘렸다. 도대체 이 반짝이고 한없이 아름다운 빛들의 축제는 무엇인가? 물이 차 오르는 방파제에 발을 떨구고 앉아 여수의 밤 불빛들이 발끝에까지 밀려오는 것을 바라보며 삶이란 그 핍진함 속에서도 결코 걸음을 멈출 수 없는 고요한 맥박의 흐름이라는 생각을 했다. 지상에서 가장 아름다운 예술작품이 오복리에서 바라보는 여수항의 밤 풍경이라는 생각이 어느 순간 찾아드는 것이었다.

여수 바다를 생각할 때 문득 떠오르는 외국의 지명이 있다. 스페인의 빌바오이다. 탄광촌이었던 이 도시는 폐광으로 인하여 황폐화되었다가 지금은 유럽에서 가장 유명한 도시 중의 하나가 되었다. 뉴욕에 본관을 둔 구겐하임 미술관의 분점이 이곳 빌바오에 들어선 탓이었다. 폐광촌에 들어선 이 미술관은 스페인 사람들이 자랑하는 피카소나 세르반테스의 명성만큼이나 이 도시를 활기차게 만들었으니 한 도시의 운명의 반전이 이렇게 극적일 수는 없었던 것이다.

몇 년 전에 여수 사람들의 꿈 중의 하나는 구겐하임 미술관의 분점을 이곳에 세우는 것이었다. 나는 이 상상력을 한없이 존중하고 사랑한다. 한국의 작은 바닷가 도시에서 세계적인 미술관의 분점을 세우겠다고 사람들이 찾아왔을 때 구겐하임 미술관 사람들의 반응이 어떠했는지 알 수 없지만, 아주 엉뚱하게도 나는 오복리 바닷가에서 여수 바다의 야경을 보여준다면, 그리고 이 바다의 풍경이 세상의 어떤 예술작품에 뒤지지 않는 따뜻한 꿈과 상상력으로 일렁인다는 것을 보여준다면 그들의 반응이 어떠할까 생각하는 것이다. 이곳이야말로 구겐하임이 지닌 세계의 아름다움과 꿈을 구현하는 데 최적의 장소이며 그 꿈을 실현하기 위한 사람들의 삶이 절실하게 펼쳐지고 있음을 적극적으로 홍보한다면 이 돈키호테적인 꿈이 어느 정도 이루어지지 않을까… 그 최적의 장소로 나는 오복리의 선창을 생각한다. 여수 바다 한가운데, 여수시의 아름다운 야경(내면적으로 가난하고 쓸쓸하기 이를 데 없는)과 대치되는 지점에 구겐하임이 들어선다면 여수 사람들에게나 구겐하임 미술관 사람들에게나 몹시 행복한 일이 될 거라는 생각이 든다.

여수 바다를 여행하기 위해서는 여수항 여객선 터미널을 이용하는 것보다 돌산이나 백야도의 간이 터미널을 이용하는 것이 효율적일 수 있다. 시간이 자운영꽃밭의 자운영처럼 지천으로 널린 이라면 여수항 여객선 터미널에서 배를 타고 처음 도착하는 섬부터 차례로 들른다면 더는 바랄 게 없는 일이지만 그러다가 생애의 남은 부분을 여수 바다에 묻어야 할지도 모른다.

여행자가 백야도 선착장에 이르러 사도나 낭도로 가는 여객선을 타는 이가 있다면, 그것은 무척 현명한 일이다. 배는 개도와 상화도, 하화도 같은 섬들을 들러 사도의 선착장에 이른다.

선창에는 육식 공룡인 티라노사우루스의 모형이 우뚝 서 있다. 남해안의 한가로운 섬 마을에 왠 공룡인가 하는 이가 있을지 모르지만 이곳 사도와 바로 곁의 추도, 낭도에는 세계적인 공룡들의 발자국이 남아 있다. 어림하여 1억 년 전 중생대 백악기 시절 이곳은 섬이 아닌 육지였으며 공룡들의 삶이 웅혼하게 펼쳐지던 낙원이었음을 보여준다. 땅이 뒤틀리고 솟아오르는 세월의 흐름 속에서 공룡들은 다 사라졌지만 그들의 발자국은 이곳 해안가 바위 위에 춤추는 듯한 보행렬로 남아 있는 것이다.

사도의 선착장 옆 작은 해수욕장은 작고 평평한 조약돌들이 가득 깔려 있다. 얘기했던 대로 이곳은 물수제비를 뜨기에 가장 좋은 바닷가 마을이다. 수심은 낮고 경사는 한없이 완만하니 바람이 불지 않는 날 이곳에서의 물수제비 뜨기는 유년 시절의 향수를 불러일으킬 수 있는 유쾌한 놀이가 될 수 있을 것이다. 나는 이곳에서 한나절 물수제비를 뜨고 놀았거니와 해질 무렵 아, 이곳에서 전국 물수제비 뜨기 대회 같은 걸 개최해도 신나는 일이 되지 않을까 하는 생각이 찾아왔다. 그러다가, 이런 대회가 생긴다면 사람들은 많이 찾아오겠지만 마을 나름의 한적하고 명징한 정취는 사라질 거라는 생각이 들어 없던 일이 되어야 할 거라는 생각을 했다.

  사도를 돌아보는 데 한나절이면 충분하다는 생각은 잘못된 것이다. 무엇보다 밤의 사도의 풍경은 절경이다. 돌각담 새로 매화 향기가 번지고 밤 별들이 우수수 쏟아지는데 신비한 것은 별들의 색깔이 느껴지는 것이다. 별사탕 봉지 속의 초록색과 분홍색, 노란색의 별들이 머리 위에서 냉이꽃밭처럼 피어나는 느낌이 드는 것이다. 인도의 데칸고원을 여행할 때 별들에 빛이 있다는 것을 느낀 이후 나는 사도에서 처음 별들의 빛깔을 느꼈다.

  마을 뒷길을 걸어 시루섬으로 가는 길에는 원고지 다섯 장쯤을 연결해 놓은 것 같은 아담한 해수욕장이 있다. 이 해수욕장은 좌우 양쪽에 바다를 두른 특이한 구조를 지닌다. 그래서 이름도 양면 해수욕장이다. 처음 이 이름을 들었을 때 나는 깊은 권태감을 느꼈다. 어떻게 이 아름다운 형상의 해수욕장에 이런 즉물적인 이름이 붙었을까. 나는 양면궤지를 떠올렸다. 어릴 적 그 종이는 앞 뒤쪽 모두에 붉거나 파란 줄이 그어져 있었다. 앞면을 다 쓰면 뒤집어 뒷면을 쓰는 것인데 앞면의 자국이 그대로 남거나 비치거나 해서 뒷면을 쓰기가 쉽지 않았다. 물자를 아끼는 마음은 알 수 있었지만 뒷면을 쓰고 나면 앞면까지 우둘투둘해지는 양면궤지의 속성이 나는 싫었다. 그런데 양면 해수욕장이라니. 색색의 별들이 쏟아지고 모래밭에 반사되는 달빛은 맑아서 늦은 봄날이라면 이곳 백사장에 엎드려 작은 파도소리를 듣다가 잠이 들고 다시 깨어 누군가에게 달빛만으로 편지를 쓸 수도 있겠다는 생각이 들었다. 무엇보다 양쪽에 바다를 두르고 시루섬으로 연결되는 달빛 속의 하얀 모랫길이 천국에 이르는 길처럼 신비하고 아름다웠다. 그런데 웬 양면해수

욕장이라니….

생각 끝에 나는 이 아름다운 해수욕장을 위해 이름을 하나 지었다. 별바다 해수욕장. 별이 바다처럼 출렁이며 빛나는 해수욕장. 모래사장 위에 또 한 겹의 별들이 초롱초롱 빛나는 해수욕장. 하동의 상주 해수욕장 곁에는 솔바람 해수욕장이 있고 태안반도에는 바람아래 해수욕장이 있다. 양면 해수욕장보다는 별바다 해수욕장이 더 신비하고 아름답지 아니한가? 양쪽이 모두 바다라는 것을 굳이 밝히고 싶다면 두 별 바다 해수욕장이라 해도 좋을 것이다.

추도는 사도에서 뱃길로 오리쯤 떨어진 섬이다. 바닷물이 연중 가장 많이 빠지는 영등사리와 백중사리 때면 이 뱃길은 뭍으로 연결된다. 꼭 두 섬만이 아니라 주변의 작은 일곱 개의 섬이 한 따로 이어지는 것이다. 추도에는 현재 세계에서 가장 긴 84m의 공룡 보행렬이 있다. 어디를 이리 급히 뛰었을꼬?

보행렬을 따라 겅중겅중 뛰며 노는 것도 충분히 흥미로운 일이다.

한때 삼십 호 가까운 사람들이 살았던 섬마을에는 지금 두 세대만이 살고 있다. 한 세대에 할머니 한 분씩. 내가 들렀을 적에는 한 분 할머니는 뭍으로 마실을 나가 김을심 할머니만이 마을을 지키고 있었다. 열여덟 살에 하화도에서 시집 왔다는 할머니에게 추도와 사도, 하화도로 연결되는 십리도 채 못 되는 뱃길이야말로 세계의 중심이다. 이 바다 안에서 유년과 청춘과 장년이 절로 흘러갔다. 섬마을에 살았지만 바다농사는 짓지 않았고 산비탈에 보리와 마늘 고구마를 경작하며 살았다고 한다. 하긴 본격적인 바다농사야 삶이 어느 정도 펴진 1990년대 이후의 일일 것이다.

바닷바람을 막기 위한 돌담 뒤에는 장독대가 놓여 있다. 큰 옹기 항아리들도 놓여 있어서 저 항아리들은 어떻게 구입한 것이냐 물었더니 다 시집온 한 두 해 뒤에 산 것들이라 한다. 그때만 해도 옹구배가 있어서 들어오면 옹구를 사곤 했어. 항아리 안에 고추장이나 된장 간장의 기운은 이미 끊기고 없었다. 3년 전 할아버지가 세상을 떠나고 자녀 셋이 서울과 부산, 군산에 사는데 그중 한 아들이 취직을 한 탓으로 나라에서의 생계지원이 끊겼다고 말한다. 아들의 직장이 시원찮아서 할머니를 도울 형편이 전혀 아닌데 생계지원이 끊겨 막막하다는 말을 들으며 마을을 한 바퀴 둘러보았다. 언덕길에는 이곳의 아이들이 다녔을 추도 분교장이 다 쓰러진 채 허물어져 가고 있었다. 두 할머니가 세상을 떠나면 이 섬은 무인도가 될 것이다. 그때는 공룡의 발자국들도 더 외롭지는 않을는지….

추도의 바닷가에는 퇴적암들이 떨어져 나온 무늬 예쁜 자갈들이 깔려 있다. 아무 돌이나 주위도 색색의 물살 무늬들이 작은 돌마다 새겨져 있는 것이다. 세월이 지난 뒤에 다 이렇게 아름다운 무늬로 남을 수 있다니…. 그 무늬 하나 하나를 들여다보는 것만으로 추도에서는 시간이 지나는 것을 망각하게 된다.

　여수 바다의 섬마을에서 만난 사람들은 도대체 늙을 줄을 모른다. 갯가에서 조개를 캐는 할머니들의 나이는 평균 팔십 몇 살이다. 이름을 알려주기 부끄러워하는 한 낭도 할머니는 자신의 나이가 82세이라고 했지만 허리는 꼿꼿했고 얼굴빛은 사과 빛이었으며 주름도 없었다. 눈빛이 한없이 맑아 미스 낭도라고 불렀더니 활짝 웃으며 오래 일하고 욕심 없이 산 덕이라고 말한다.

　여수 바다에서 가장 깊숙한 섬인 여자도를 가기 위해서는 번거롭지만 소라면의 달천 포구를 찾아가야 한다. 달천에서 여자도로 들어가는 배가 하루 네 편 있다. 불과 30분의 짧은 뱃길이지만 정원 12명의 명령항로인 여자도 행은 그 자체만으로 충분한 여행의 운치가 있다. 여자도. 처음 이 섬의 이름을 들

은 이 중에는 여인국 아마조네스를 생각한 이도 있을 것이다. 이 섬의 이름 여자는 섬들이 흐트러진 모습을 형상한 너 여(汝)와 모든 것을 자립해서 살아야 한다는 자(自)를 합하여 만들어진 이름이라고 한다.

대여자도와 소여자도 두 개의 섬으로 이루어진 여자도는 연안 양식어업 덕으로 134세대 350명의 주민이 살아가고 있다. 사람이 살아가고 있다는 사실보다 더 중요한 일이 있을까. 아무리 아름다운 섬도 사람이 살지 않으면 그 아름다움은 반감된다. 삶의 체취, 그리움의 냄새, 추억과 사랑과 이별의 이야기들은 기실 그 주체가 인간인 것이다. 여자도에서 제일 큰 마을인 대동 마을에는 초등학교가 있다. 학생이 두 명, 선생님은 한 분뿐이지만 여기에는 계승할 삶의 이야기가 전해지는 것이다. 소라 초등학교 여자 분교장은 운동장 양쪽으로 바다가 있다. 언젠가 나는 이 초등학교를 졸업한 학생들은 모두 시인이 되거나 철학자가 될 거라는 글을 쓴 적이 있다. 교실 창문에는 푸른 바다

의 물살이 어리고 하루 종일 파도 소리가 들린다. 운동장에는 잔디가 깔려 있고 나이든 나무들이 바다를 배경으로 서 있으니 새소리와 곤충의 울음소리도 싱싱하다. 수학이나 영어공부와는 거리가 먼 지극히 명상적인 환경인 것이다.

학교에서 연결된 길을 따라 마파지 마을로 가는 예닐곱 마장의 길의 한가로움이라니…. 양쪽으로 펼쳐진 여자만의 모습을 보며 바닷가 언덕길을 구불구불 걷는 동안 여수 바다의 풍광이 온통 가슴 안으로 달려들고 그러다 문득 해라도 지면 신선이라도 된 듯 마음과 몸이 한없이 가벼워지는 것이다.

- 곽재구 시인

남도 여행

Chapter
03

남도의 맛

여행의 백미는 역시 음식이다. 특히 여수, 순천의 융숭 깊은 맛의 비밀은 깨끗한 자연에 있음은 두말할 필요가 없을 터. 갓 잡아 올린 싱싱한 해산물과 산과 들에서 정성껏 지은 농산물이 어우러져 자극이 없는 신선한 맛을 낸다. 어쩌면 여수, 순천의 음식은 그렇게 특별하지 않다. 하지만 한 번쯤 남도의 음식을 오지게 먹어 본 여행자들은 오래도록 그 맛을 잊을 수가 없을 것이다.

바다를 담은 식탁,
남도의 맛!

새벽 어물전의 알전구들이 먹빛 어둠을 삼킨다. 푸르스름하게 벗겨지는 하늘, 생선 궤짝과 붉은 고무대야에 가득한 생선들이 주인을 기다리며 파닥거리고 있다. 시장에는 제철을 만난 생선들이 쏟아져 나와 활기차다. 자고로 북적이고 소란스러워야 제맛인 게 시장통 아니던가! 여수 중앙동 구판장의 새벽시장은 옛날 어시장 풍경을 고스란히 지키고 있어 더욱 정겹다.

 갑자기 주변이 시끄러워지더니, 문어 경매가 시작되었다. 순식간에 상인들이 몰려들고 경매사와 상인들 간에 수신호가 오가더니 문어의 값이 정해진다. 이렇게 열리는 경매는 새벽 5시경부터 오전 10시까지 시도 때도 없다. 정치망 배가 들어올 때마다 열린다고 한다. 오늘 나온 문어는 금오도, 안도 등의 섬에서 통발로 잡아 올린 것이다. 문어는 힘이 철철 넘쳐난다. 통에 담아 놓은 문어는 자꾸만 통 속에서 기어 나오려 하고 상인 아주머니는 기어코 문어를 통으로 밀어 넣는다. 문어는 내장을 빼고 삶아서 초장에 찍어 먹거나 푹 고아서 죽을 끓이면 보양식으로 그만인 음식이다.

다른 쪽에서는 삼치, 병어, 갈치 등의 경매가 열리고 있다. 모두 여수 주변 바다에서 잡아 올린 것들이다. 싱싱한 삼치, 독병어는 냉장 숙성 후 살짝 얼린 상태로 썰어내면 선어의 진정한 맛을 볼 수 있다. 육질이 부드러운 삼치, 독병어를 두툼하게 썰어 된장방아(된장에 마늘, 양파, 깨, 참기름 등 온갖 양념을 한 것)에 찍어 먹으면 그 맛이 일품. "다른 데는 회 묵을 때 겨자간장이나 초장에 묵지만 여그는 달르당께. 된장방아에 찍어 먹제. 특히 독병어는 된장방아 아니면 그 맛을 몰르제. 둘이 궁합이 잘 맞거든." 여수 음식의 특징 가운데 하나는 된장으로 맛을 낸다는 것. 복어탕에도 장어탕에도 반지락국에도 심지어는 미역국에도 된장을 넣어 끓여 낼 정도이다. 삼치보다는 독병어의 시세가 좀 더 높다. 독병어는 여수 사람들이 부르는 병어의 이름인데 병치, 덕대라고 불리기도하며 은회색 빛의 기골이 장대한 큰 병어를 일컫는다.

또한, 빛깔이 좋기로 소문난 거문도산 은갈치는 구이와 조림에 적격이다. 두툼하고 큼지막한 은갈치를 도막내어 소금만 뿌려 노릇하게 구워 내거나 냄비에 무를 깔고 대파, 양파, 고추를 듬뿍 넣어서 매운 양념으로 푹 조려낸다. 매콤한 양념이 잘 배어든 갈치는 입안에서 살살 녹는다. 날이 새면서 여수 중앙동 구판장은 사람과 생선들로 더욱 팔팔 달아오르고 있다.

발걸음을 연등천 쪽으로 옮기면 천을 따라 서시장과 교동시장이 마주보며 서 있다. 서시장이 종합시장이라면 교동시장은 어시장이다. 서시장은 도깨비 시장으로 불리기도 하며, 옛날 '여수읍내장'으로 4, 9일 장날이었지만 지금은 시장이 커지면서 매일시장으로 바뀌었다. 오랜 역사만큼이나 옷전, 채소전, 과일전 등 다양한 품목이 판매된다. 교동시장은 1965년에 개설되었는데, 배에서 들어온 물건들을 판매하던 조그만 좌판시장이 확대되면서 주로 생선과 해산물을 판매하는 여수 최대의 상설시장이 되었다. 아침 7시께쯤이

면 손님들이 교동시장으로 몰린다. 어물 상인들이 어항단지와 중앙동 구판장에서 물건을 해 와 좌판을 차리면 장은 부산하게 움직이기 시작하는 것이다. 생선 좌판 중간 중간에는 농산물 상인들도 끼어 있어 마늘, 열무, 고사리, 소불(부추) 등의 채소를 놓고 팔기도 한다. 교동시장은 생선 구경만으로도 신 나고 재밌다. 갖은 해산물에서부터 바닷바람에 뽀짝 말려 쫄깃한 생선까지 바다에서 생산되는 것치곤 없는 게 없기 때문이다.

　중앙동 새벽시장이 해산물을 거래하는 곳이라면 도깨비 시장은 해산물뿐 아니라 여수 인근에서 채취한 각종 채소 등 다양한 식재료가 모두 거래되는 곳이다. 여수의 맛은 바로 이들 싱싱한 시장에서 나온다. 그렇기 때문에 여수에서 소문난 맛집들은 대부분 전통 시장의 주변에 몰려 있다. 여수의 진정한 맛을 보려면 당연히 구도심의 오래된 식당으로 발길을 돌려야 할 것이다.

　"꾀장어 말린 놈을 양념해서 볶아봐. 그놈에만 손이 간당께. 고소한께 말이여." 어느 생선가게나 참장어(갯장어)와 꾀장어(붕장어) 손질하기에 바쁘다. 장어 머리를 도마 위 뛰어나온 못에 꿰고 쭉 훑으면 뼈가 발라진다. 그것을 숯불에 굽거나 회를 치거나 끓는 물에 데치거나 된장 시래기 넣고 푹 끓이거나 또는 말려두었다가 양념에 볶아 내거나… 장어 한 마리면 숱한 요리가 탄생한다.

또 그뿐인가! "여그 사람들은 서대 없으면 못 살제. 회로 먹고 찜으로 먹고 말려 먹고… 여그서는 서대 없으면 제사도 못 지내." 여수 시장에서 가장 흔히 볼 수 있는 생선 중 하나가 서대다. 서대는 하지감자 썰어 넣고 지지면 최고로 맛있다고 전언하는 시장 아주머니가 통통하게 말린 서대를 한 바구니 내어 놓는다.

쏜뱅이 돔바리(상어새끼) 금풍생이 문어 낙지 오징어 고등어 갈치 꽃게 새우 서대 양태 키조개 꼬막 멸치 새조개 굴 전복 바지락 해삼 돌멍게 개불 삼치 병어 가오리 뿔소라(꾸적) 홍합 전어 장어 볼락 우럭 돔 복어 소라 아귀 학꽁치 민어 도다리 꼴뚜기 노래미….

순천의 대표적 시장은 매일매일 서는 역전시장과 5일장인 아랫장과 웃장이다. 아랫장은 아마도 우리나라에서 둘째가라면 서러울 정도로 크다. 해산물 위주의 여수와는 달리 순천은 바다면 바다, 산이면 산, 들이면 들에서 자란 다양한 식재료가 나온다는 점이다. 갯벌의 향기를 품은 꼬막과 짱뚱어는 물론, 사시사철 채소와 과일이 쏟아져 나오는 이곳. 이것들이 맑은 물, 갖은 전통 양념, 그리고 오랜 손맛으로 어우러진다면… 상상해 보시길. 이 자연의 맛을 어떻게 표현할 수 있을지!

사람은 음식을 통해 자연과 하나가 된다. 자연으로부터 얻은 어느 것 하나 소중하지 않은 것이 없듯이, 땅과 바다는 끊임없이 생명을 길어 올려 생명을 살린다. 언젠가부터 가공된 세상에 살면서 가공된 음식물에 적응된 우리 몸은 어디로 흘러갈 것인가! 자연과의 가장 자연스러운 소통은 자연으로부터 제공받은 먹거리로 생명을 살찌우고 살아가는 일이다.

남도 여수와 순천은 그런, 자연의 맛을 오래도록 간직하고 있다.

> 여수의 맛은 말하자믄 아날로그여. 찬찬히 느리다는 말도 돼제. 느리다는 것은 기본에 충실한 것이고, 자연을 거슬지 않고 맛을 낸다는 말 아니것는가. 긍께, 여수순천 와갖고 남도의 맛을 보고잡다믄 빨랑빨랑 안 준다고 성질 돋지말고 기다려야 된당께. 그래야 맛이 푹 우러나는 남도만의 특별하고도 신선한 음식을 맛볼 수 있제.

아따, 매콤쌉싸름 하그마 잉!

돌산갓김치

450m 길이의 돌산대교를 건너면 바로 돌산(突山)이다. 돌산은 언제부턴가 갓으로 유명해졌다. 아마도 돌산대교가 놓여진 이후니, 대교가 다리의 역할을 제대로 한 셈이다. 1980년대 말까지만 해도 돌산의 밭들은 대부분 보리였다. 그러나 이제는 돌산의 어디를 가나 갓밭을 만날 수 있다. "갓이 뜨면서 보리가 사라져부렀제. 한 농사하믄 3년 보리농사와 맞먹응께." 돌산은 겨울에도 영하로 떨어지는 날이 드물다. 이런 따뜻한 날씨와 바닷바람 그리고 황토에서 자란 갓은 4모작까지 가능하다. "옛날엔 돌산갓이 임금님 상에 올랐다요. 근디 지금은 톡 쏘는 맛이 많은 적색갓은 생산을 못하지라. 성장이 느리기도 하고 요새 사람들은 톡 쏘는 것보다 보드란 걸 좋아하니께." 여수의 식당들에선 갓김치가 기본 반찬으로 나온다. 직접 담가 익혀 내는 식당들이 많아 양념에 따라 조금씩 다른 갓김치를 맛볼 수 있다. 돌산갓김치는 멸치젓을 사용하며, 화학조미료 대신 표고버섯가루로 만든 천연조미료를 쓴단다. "아따 한 번 잡사보랑께. 돈 안 받아." 갓 삭인 갓김치를 한 입 넣어주는데 김치가 이렇게 새콤달콤할 수 있다니, 입 안으로 퍼지는 갓 향기가 바닷내음과 버무려져 오래도록 여운을 남긴다.

★ 해변갓김치   TEL : 061-644-4399, 주소 : 여수시 돌산읍 평사리 1250-1

워디가서 요로코롬 좋은 것을 먹을 수 있당가
장어

두말할 필요가 없다. 일단 여수 국동어항단지 쪽이나 봉산동을 가보자. 줄지어 선 음식점을 보면 장어가 크게 그려진 집들을 어렵지 않게 찾을 수 있다. 또는 국동 선착장에서 경도 가는 배를 타보자. 불과 1km 거리에 배 타는 시간 5분, 뱃삯 1,000원이면 맛있는 장어를 만날 수 있다. "짱어요. 힘 좋지라. 옛날에는 일본으로 거의 수출을 했었는디, 국내 수요가 많아진께 짱어집도 많이 생기고 요리 방법도 숱허지라." 우선 구이로는 소금구이와 양념구이가 있다. 소금구이는 담백 솔직한 반면, 양념은 전통 방식의 소스를 우려내 발라 구워내서 입안에 감칠맛이 쫙 돈다. 통장어탕은 어떤가. 장어 중 제일 큰 놈들을 골라 둠벙 썰어 오동통한 장어 살과 김치시래기를 된장에 풀어 끓여낸다. "바쁘더라도 지다려야제. 싱싱한 놈을 골라 바로 끓여내야 제맛이 난께. 짱어탕을 한꺼번에 끓여놓고 내놓는다 것은 용납을 못하지라. 30분 정도 푹 끓여야 혀." 참장어철은 대략 4월부터 10월까지다. 그래서 참장어 샤브샤브는 이때만 맛볼 수 있다. 일단 인삼과 대추 등 약재와 버섯 등을 끓이다가 소불(부추)을 넣고 참장어를 살짝 데쳐서 먹는다. 표현 못 할 것들이 세상에 많다지만, 이처럼 장어 맛에 기죽을 줄이야! 일단, 잡사봐야 안당께.

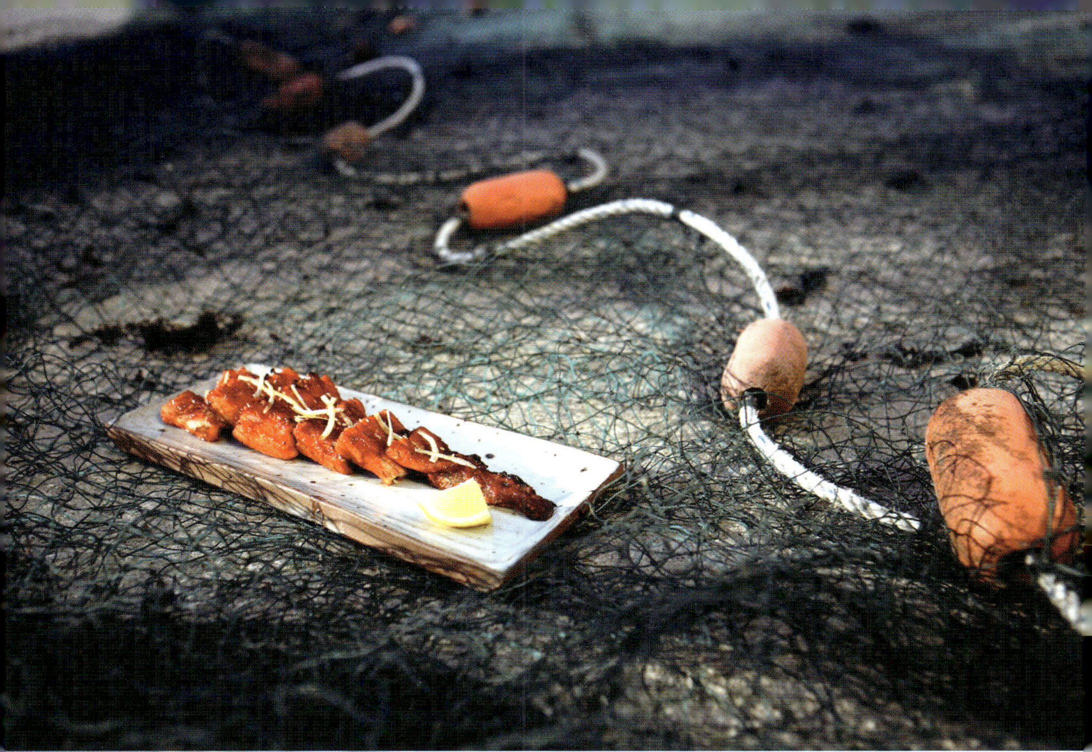

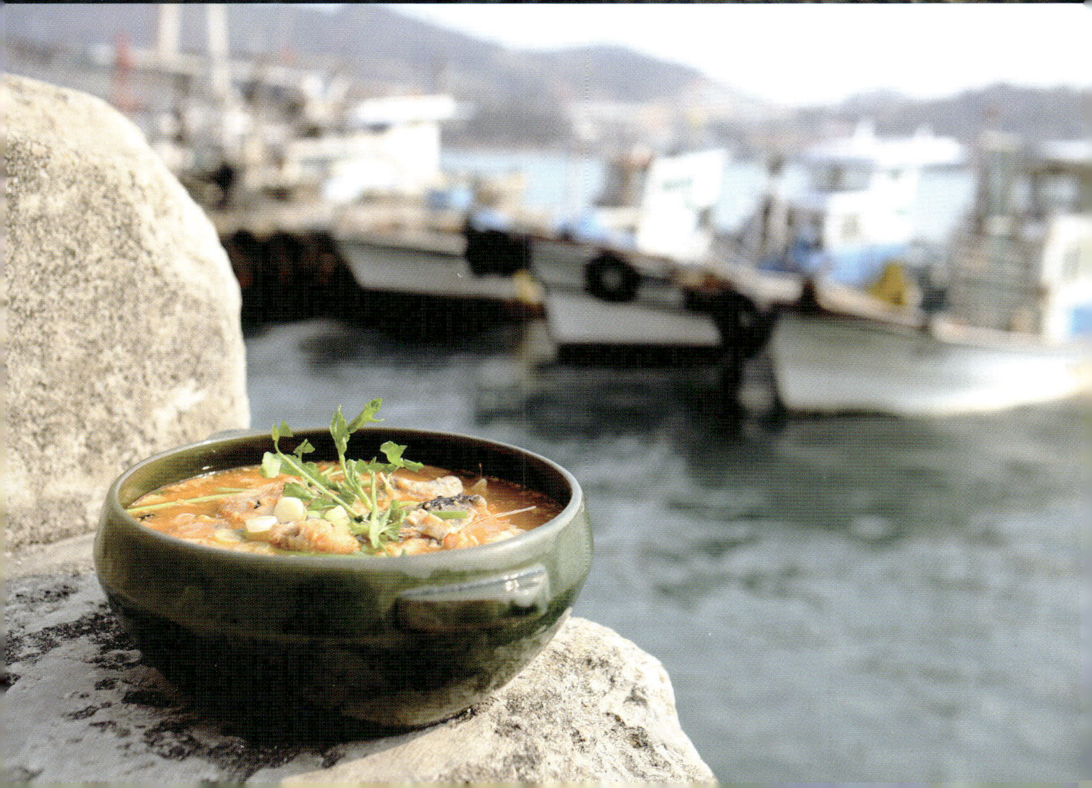

못 생깃다고 맛이 업간디, 한 번 잡사봐
아귀

    사실 아귀는 마산의 상징처럼 보인다. 커다란 입에 비해 작은 몸통으로 그 생김새가 무척 험상궂고 무섭게 보여 아귀라 불렸으며 경상도 사투리로는 아구라고도 불린다. 그런 아귀를 여수 여객선터미널 근처 식당들은 대부분 20~30년씩 요리해 왔다. "아따 거그만 맛있간디. 여그서는 생물만 써서 만들어. 그래서 더 싱싱하고 맛이 좋제." 아귀찜은 단백질이 풍부하고 콩나물, 미나리, 미더덕 등과 매운 고춧가루 맛이 한데 어우러져 입맛이 없을 때 한층 더 입맛을 돋워 준다. 아귀찜 외에도 아귀의 입과 내장을 제거한 후에 신선한 채소와 해물을 함께 넣고 끓이는 아귀탕이 있다. 아귀는 저지방 고단백으로 간과 위(또는 대창이라고도 함)는 고소하고 쫄깃쫄깃하며, 담백한 맛은 미식가의 입을 새롭게 한다. 아가미, 지느러미, 꼬리, 살 부분 또한 특유의 맛이 있어 뼈 외에는 버릴 것이 없다. 또 아귀 특유의 고단백질의 흰 어육은 중풍의 원인이 되는 동맥경화 및 당뇨병의 예방에 좋으며 북어를 능가하는 주독 해소 작용을 하고, 정력 증강에는 물론 현대인의 성인병 예방에도 좋은 효험을 나타내며, 속쓰린 위장을 상쾌하고 시원하게 하는 해장국으로 아침 식사에 좋을 뿐 아니라 피로 회복에도 좋다. "술 자셨소. 아꾸탕으로 속 한 번 확 풀어부씨요."

샛서방한테만 살짜그니 내논당께
금풍생이

학명으로는 '군평선이'지만 여수에서는 금풍쉥이, 금풍생이라고도 불리우고 또 다른 별칭으로 샛서방고기라고도 한다. 여기서 샛서방의 '새'는 '사이'의 준말로 즉 '사이서방'을 뜻한다. "그라제. 야쁜 샛서방한티만 줘야지, 물색없는 서방에게는 뭐땀시 요로큼 마썬는 걸 준당가" 60줄을 넘긴 아주머니의 구수한 입담으로 풀어놓은 금풍생이 이야기를 듣다 보면 이 한마디에 여

수의 맛은 물론 풍류까지 함께 버무려져 있다는 것을 알 수 있다. 얼마나 맛이 좋으면 자기 서방 모르게 숨겨두었다가 새서방(?)에게만 주었을까를 생각하며 금풍생이 구이를 한 접시 시켰다. "등거리 흰줄무늬랑 지늘래미 노랑물이 짙을수록 진짜제" 돔 같기도 하고 왕볼락 같기도 한 외형적인 모습이 투박스럽지만 노릇노릇한 빛깔과 구수한 내음이 코끝을 간지럽혀 온다. 어두육미라고 머리부터 뚝 잘라 아가미쪽 살을 발라 먹으니 쫄깃하면서 감칠맛이 입안에 풀어진다. 그래서일까. 이곳의 식탁에서는 금풍생이 구이가 오르면 최고의 밥상으로 대우한다.

뽀짝 말려서 꿔먹어도 좋고, 회무침 해도 좋제
서대

잔칫날, 목포에서 빠지지 않는 게 홍어라면, 여수에서 빠지지 않는 게 바로 서대다. 결혼식이나 돌잔치에 초대받아 가면 어김없이 납작하게 말려 구운 서대를 내놓는다. 뼈를 살짝 발라내면 살점이 쭉 뜯겨 나와서 먹기가 수월하다. 여수의 서대는 살이 오동통하고 찰지며 비린내가 나지 않는다. 《자산어보》에서는 서대를 "몸은 좁고 길며, 짙은 맛이 있고, 모양은 마치 가죽신 바닥과 비슷해 속명을 '혜대어'라 부른다."라고 적고 있다. 연안에서 잡히는 서대는 씨알이 작아 젓갈용으로 더 적합하다. 이로 인해 서대는 귀한 대접을 받지 못하다가 여수에서 서대회를 개발해 유명하게 되었다. 서대는 주로 구이와 회무침을 해서 먹는데 횟집에서 맛을 내는 비결 중의 하나는 식초와 고추장이다. 회무침에서 가장 중요한 것은 역시 식초다. "꼬두밥과 누룩을 으깨 자박자박해 놓으면 뽀글뽀글 삭히면서 식초에 꽃이 핀당게. 꽃이 피든 식초를 따라불고 막걸리를 부어요." 막걸리를 이틀 동안 가라앉힌 웃술을 한 해 동안 발효시켜 이듬해에 식초로 만들어 사용한다. 또한, 고추장은 직접 구입한 고추장에 고춧가루를 넣고 재발효시켜 만들어낸다. 서대회무침에는 서대와 고추장은 기본이고 그 외에도 들어가는 재료가 참 많다. 양파, 오이, 무생채, 상추, 쑥갓, 부추, 등등…. 온갖 채소에 초고추장과 막걸리로 발효시킨 식초를 넣어 버무려낸 서대회무침. 서대회무침은 그리 자극적이지도 않고 부드러우면서도 새콤달콤하다. 여기에 김가루와 참기름을 살짝 뿌리고 밥 한 공기를 비벼보시라. 뚝딱, 빈 그릇이 보일 것이다.

살살 녹는 선어의 참맛, 여기에 있어라
삼치

바다를 끼고 사는 마을에서는 동네 어른의 환갑잔치나 다들 모여 마시고 떠들며 꼭 기념하고야 넘어갈 만한 날이면 상에 좋다는 회가 여러 가지 오른다. 평생 회를 밥 먹듯 먹고산 그들이 여러 회 중 무엇부터 먹나 살펴보면 열에 아홉, 먼저 손 가는 것이 있으니 바로 삼치회이다. 좋다는 회를 사 놓아도 생살 먹는 것 싫어하는 이 있고 또 몇 점 먹다 보면 돼지고기 볶아놓고 앉은 정도로 여기기 쉬운데, 삼치만큼은 처음부터 끝까지 맛에 대한 칭송이 끝나지 않는다. 우선 들리는 말이 '입에서 살살 녹는다'이다. 그 녹는다는 말은 아주 맛있다는 표현으로 흔히 쓰이는 말인데 삼치회는 말 그대로 녹아 버린다. 이빨을 사용하지 않고 혀만으로 먹을 수 있다. 또한, 기름기가 많아 아주 고소하고 부드럽다. 살이 약해 아주 숙련된 사람 아니면 뜨기가 어려운 까닭에 살짝 얼려 회를 뜨며 겨자 간장에 찍어 먹는다. "백도 근방, 거문도와 제주도 사이에 어군이 형성됩니다. 늦가을에서 초봄까지 잡죠." 근래 삼치가 잘 잡힌다는 소문이다. 삼치회는 참치회처럼 썰어 낸다. "삼치는 요렇게 먹어야 맛있당께. 맨 먼저 손바닥에 배춧잎과 김을 올려. 그러구나서 삼치를 간장 소스에 살짝 찍어 얹고 풋마늘을 올려 먹어야 제 맛이여." 참치보다 오히려 더 고소하고 입안에서 살살 녹은 것을 느낄 수 있다.

둘이 먹다 하나 죽어도 모른당께
돌게장

여수의 풍미 '돌게장' 앞에서는 누구나 성질 급한 밥도둑이 된다. 게장 몇 점에 허겁지겁 바빠지는 숟가락질을 따라가다 보면 옆에 제 아무리 사랑스런 애인을 앉혀두었을지라도 금세 잊고 말 것이다. 다소곳하게 오므린 집게발 하나를 집어 들고 속살을 쪼옥, 빨아 먹어 보라. '둘이 먹다 하나 죽어도 모를 맛이 이 맛이네!'라고 외치게 될 것이다.

"여수 게장은 깨끗이 씻은 돌게를 여러 조각으로 토막을 낸 뒤 파와 마늘, 생각, 고춧가루, 참기름 등을 섞은 간장을 부어 만든당께." 여수 앞바다에서 갓 잡은 신선한 돌게를 간장 또는 고춧가루 양념에 절인 '여수 돌게장'은 밥도둑이 따로 없다. 여수 오동도 들머리 곳곳에 가면 이러한 돌게장을 팔고 있는데 그 맛을 한 번 맛본 사람들은 입안에서 착착 감겨 사르르 녹아버리는 이 맛을 평생 잊을 수가 없어 다시 찾게 된다.

갓 지은 뜨거운 밥을 게딱지 안에 살포시 밀어 넣고 참기름 한 방울 톡, 떨어뜨려서 쓰윽쓰윽 비벼 한 입 먹으면 세상 부러울 게 없는 행복한 미식가가 된다. 그 맛은 마치 바다를 한 입 베어 문 것 같기도 하고 짭조름하면서도 달착지근한 이 맛은 집 나갔던 며느리를 돌아오게 한다는 가을전어의 맛이나 초겨울 잃었던 입맛을 되돌려주는 새콤달콤 서대회 맛을 충분히 위협하는 맛이다.

예로부터 게는 '물에서 나는 보약'이라 할 만큼 건강에 아주 좋다. 허준의

《동의보감》에도 "몸의 열기를 푼다."라고 적혀 있을 만큼 단백질이 듬뿍 들어 있어 자라는 어린이에게 좋을 뿐만 아니라 지방이 적고 소화가 아주 잘 되기 때문에 건강식으로도 그만이다. 이처럼 몸에도 좋은 음식이 맛 또한 일품이라 입맛을 무한정 자극한다니 제아무리 천하장사라 할지라도 '여수 돌게장' 앞에서는 소용없어 보인다.

여수 들머리에 가면 꼭 여수 앞바다에서 잡아 올린, 싱싱한 밥 도둑 잡으러 한번 가보시길. 아, 밥 먹는 내내 사랑하는 애인 또는 친구가 말 한마디 없더라도 결코 서운해 하지 마시라!

누가 망둥어하고 비교를 하나요? 나는 잠퉁이라고요.
짱뚱어

옛부터 '동 순천 서 강진'이라고 말할 정도로 순천은 맛으로 이름난 고장이다. '순천 10미'가 따로 있긴 하지만, 순천만 청정 갯벌에서 나는 짱뚱어탕이 그중 특별나다. 짱뚱어는 작은 눈이 머리꼭대기에 붙어 있는 납작한 모습을 지녔는데 이름도 특이하지만 습성이나 생김새는 물론 맛과 영양분까지도 별난 생선이다. 짱뚱어라는 이름은 '잠퉁이'에서 비롯되었다 한다. 물고기치고는 드물게 10월 초에서 이듬해 4월까지 긴 겨울잠을 자는 습관 때문에 얻은 별명이다.

《자산어보》에 따르면 짱뚱어를 볼록할 철 자와 눈 목 자를 써서 철목어(凸目漁)라 기록하고 있다. 만조와 간조 사이에 드러나는 갯벌, 조간대에 서식하는 짱뚱어는 물이 빠지면 가슴의 지느러미를 이용해 갯벌을 잽싸게 기어 다니면서 먹이 사냥을 한다. 그리고 더 웃긴 것은 어류답지 않게 공기 호흡을 하며 갯벌을 뛰어다니는 모습이다. 짱뚱어는 뻘에서 상당한 높이로 점프도 하는데 《난호어목지》는 그런 자태를 빗대어 탄도어(彈塗魚)라 칭하기도 했다 한다. 이런 습성 탓에 햇볕을 많이 쪼이며 자란 짱뚱어는 비린내가 나지 않아 탕을 끓이기에 그만이다. 순천 사람들은 짱뚱어를 '갯벌 위의 쇠고기'라 이르고 '짱뚱어 100마리와 당귀로 만든 진액을 세 번만 먹으면 1년 내내 몸살을 앓지 않는다'고 할 정도로 강장식품 대접을 해왔다. 그런데 최근의 한 연구에서 짱뚱어에 타우린과 칼륨, 게르마늄, 마그네슘 등 기능성 성분이

다량 함유되어 있는 것으로 밝혀져 속설이 사실로 확인되기도 했다.

한국 속담에 "짱뚱이가 뛰니까 망둥이도 뛴다."라는 속담이 있다. 망둥어는 초여름부터 활발한 먹성을 보이는데 몸이 비대해지도록 큰 입으로 게걸스럽게 먹이 활동을 하는 탐식성 때문에 누구나 쉽게 낚을 수 있어 '바보도 낚는 망둥어'라는 얘기까지 생겼다.

그러나저러나 짱뚱어탕은 전라도의 보양식이다. 짱뚱어를 삶은 국물에 된장, 우거지 등을 넣어 추어탕처럼 걸쭉하게 끓여 내야 제맛이 난다. 또한, 짱뚱어는 오염이 안 된 청정 지역에서만 살기 때문에 오염도를 측정할 수 있는 물고기이기도 하다.

간간, 쫄깃, 알큰, 배릿한 맛을 알랑가몰라
꼬막

꼬막이 대세다. 한 TV 프로그램의 영향으로 벌교 꼬막은 꼭 한 번쯤 먹어보고 싶은 음식이 되었다. '간간하면서도 쫄깃쫄깃하고 알큰하기도 하고 배릿하기도 한 맛'이라고 표현한 조정래의 《태백산맥》에서 볼 수 있듯이 꼬막은 약간 비릿하면서도 쫄깃한 식감으로, 한 번 먹어보면 중독성이 있어 꼭 다시 찾게 되는 조개류다.

꼬막은 껍데기에 패인 골이 기와집의 기왓골을 닮았다 하여 와옥자(瓦屋子)로 불리기도 하는데 안이 꽉 채워진 조개, 살이 가득 차 있는 조개란 뜻으로 살조개 또는 안다미 조개로도 불린다. 안다미란 '담은 분량이 그릇에 넘치도록 많게'라는 뜻이다. 꼬막은 가을 찬바람이 갯벌을 감쌀 때 비로소 탱탱해지고 알을 품기 직전인 봄까지 최상의 맛을 유지한다.

속살이 붉을수록 신선한 꼬막은 어떻게 삶느냐에 따라 맛이 달라진다. 너무 오래 삶으면 질기고 덜 삶으면 비린내가 나기 때문에 시금치를 데쳐내듯 핏기는 가시고 간기는 그대로 남아 있게 살짝 삶아야 그 풍미가 제대로 산다. 잘 삶은 꼬막은 껍질을 까면 살이 하나도 쪼그라들지 않고 윤기가 자르르 흐른다. 예로부터 임금님의 수라상에 오를 만큼 귀한 대접을 받아온 꼬막은 철분이 풍부해 여성의 빈혈 예방에 좋고 타우린과 베타인 등이 풍부해 간 해독과 숙취 해소에 좋고 혈관, 장기의 노폐물이나 독성 물질을 배출하며 혈압을 안정시켜 고혈압과 동맥경화 예방에도 도움을 준다고 한다.

꼬막은 크게 세 종류도 나뉜다. 참꼬막은 부채살 모양의 울퉁불퉁한 굴곡이 열여덟 개 정도 깊게 있으며, 껍데기에 털이 거의 없는 반면에 새꼬막은 부채살 모양의 울퉁불퉁한 굴곡이 서른 개 정도로 얇게 있으며, 껍데기에 털이 많이 있고, 참꼬막에 비해 하얀 게 특징이다. 또 피조개는 부채살 모양의 울퉁불퉁한 굴곡이 사십여 개 정도로 촘촘하고 굴곡이 얇으며, 껍데기에 털이 많고, 크기가 일반 꼬막에 비해서 월등하게 크고, 속살에 붉은 피가 많다. 참꼬막은 속살이 약간 검붉은색이며 씹히는 맛이 쫄깃쫄깃하지만 새꼬막은 속살이 약간 분홍색이며 씹히는 맛이 약간 미끈거리는 특징이 있고, 피조개는 속살이 거의 붉은색이며 씹히는 맛은 참꼬막과 새꼬막의 중간 정도 된다.

"감기 석 달에 입맛이 소태같아도 꼬막 맛은 변함 없다."란 말이 전해질 정도로 남도 사람들의 꼬막 사랑은 특별나다. 이제 전국구 음식이 된 꼬막 비빔밥 한 번 드셔 볼라우.

맛집 열전
여수

청정한 바다의 맛 여수

BEST 01 게장 열전

　여수 봉산동 게장 골목은 이른바 밥 도둑 골목이 되었다. 게장은 우리나라 요리 중, 염장하여 발효시킨 젓갈류의 한 음식으로 신선한 게를 날로 간장 또는 고춧가루에 절여 만든다. 게장은 경기도, 경상도, 전라도, 제주도 등 지역별로 조금씩 다른 형태로 만들어진다. 게장에 대한 옛 기록에 의하면, 게장을 만드는 방법을 '조해법(糟蟹法)'이라 하여 술지게미로 절였다고 한다. 술지게미로 절일 때는 소금과 술을 함께 사용하는데, 일반적으로 만든 게장은 오랜 시간 보관할 경우 쉽게 상하지만, 조해법으로 담근 게장은 다음해 봄까지도 상하지 않는다고 한다. 또 다른 방법으로는 염탕해법(鹽湯蟹法, 끓인 소금물로 절임), 초장해법(醋醬蟹法, 초장으로 절임), 주해법(酒蟹法, 술로 절임) 등이 있다고 전해진다. 이런 기록들을 보면 우리나라에서 게장을 먹기 시작한 것은 꽤 오래된 듯하다. 과거에는 일반적으로 민물 게를 많이 선호하였으나 민물 게가 귀해짐에 따라 바다에서 많이 잡히는 꽃게를 이용한 게장이 보편화되었다.

여수 봉산동은 게장으로 이름이 나면서 맛을 특화하기 위한 많은 노력을 하고 있다. 그러나 자칫 너무 많이 넘치다 보면 원산지나 위생의 문제도 발생하기도 한다. 게장을 먹을 때는 이 점도 고려해 주면 좋겠다는 생각이다. 아무튼, 우리 식단에 게장이 언제부터 인기가 있었는지 모르지만, 봉산동 게장 골목을 가면

길게 줄을 서서 자리가 나기를 기다리는 여행객들을 볼 수 있으니, 참으로 아이러니하기도 하다. 이곳 대부분의 식당이 저렴한 가격에 간장게장, 양념게장, 된장게장을 무한정 리필해 주는 이유도 있을 터, 여수에 들른다면 여수만의 특별한 돌게장에 빠져보시길….

　게장 백반은 2인분이 기본. 황소, 두꺼비, 여성, 등가, 여수돌게장 등이 유명한데, 꼭 줄을 서지 않는 식당들도 맛에는 큰 차이가 없고 호불호가 갈릴 수 있으니 선택은 여행자의 몫으로 남겨두기로 한다.

 찾아가기 (여수 봉산동 게장골목)

황소식당 | Menu 게장백반, Tel 061-642-8007,8003, Location 여수시 봉산동 268-12번지 원광한방병원 부근/ 두꺼비식당 | Menu 게장백반, Tel 061-643-1880~1, Location 여수시 봉산동 270-2번지 원광한방병원 부근 / 등가식당 | Menu 게장백반, Tel 061-643-0332, Location 여수시 봉산동 270-42번지 원광한방병원 부근 / 여수돌게장 | Menu 게장백반, Tel Location / 여성게장 | Menu 게장백반, Tel 061-642-8529, Location 전남 여수시 봉산동 273-5번지 원광한방병원 부근

장어 열전 BEST 02

 남해안에서는 갯장어 또는 참장어로 불리는 하모는 여수의 대표적인 여름철 보양식으로 통한다. 여름철, 기력이 허한 사람에게 스태미너 보강에는 단연코 하모만 한 것이 없다. 연안의 뻘이 많은 곳에서 사는 하모는 여름 한 철인 5월부터 11월 초반까지 잡히는데, 6월부터 8월까지 더위가 기승을 부릴 때가 가장 절정이다.
 하모는 양식이 되지 않는다. 바다 밑 뻘에 살기 때문에 '주낙'이라는 낚싯줄을 이용해 잡는데, 미끼는 굵게 썬 전어를 사용한다. 근래 인기가 많은 가

을 전어는 사실, 장어 미끼에 불과했던 생선이다. 1970~1980년대에는 하모 전량이 일본으로 수출되어 국내에서는 구경하기도 어려웠지만, 요즘은 거의 국내에서 소비된다고 한다. 그만큼 우리 식단의 수준도 높아졌다. 하모는 된장을 풀어 팔팔 끓인 육수에 살짝 담갔다가 꺼낸 다음 깻잎이나 양파에 싸먹어야 제맛이다.

잠수기 수협 앞 골목은 통장어탕 골목이다. 장어탕은 기름이 적어 담백한 붕장어(아나고)로 주로 끓인다. 전통적으로 끓여온 장어탕은 적당한 크기로 자른 장어와 시래기를 된장에 풀어 오래도록 끓여낸다. 진하게 우러난 국물은 몸보신에 그만이며 오동통한 장어는 입에서 살살 녹는다.

장어는 칼슘과 인, 철분도 다량 함유하고 있어 허약 체질 개선 및 성인병 예방에 효과가 있으며, 피부 미용에도 탁월한 것으로 유명하다. 또한, 시력 보호에도 좋다고 전해진다. 여수의 장어 요릿집들은 돌산대교 밑자락 당머리 포구와 봉산동 어항단지, 그리고 경도에 집중해 있다. 하모는 단 5분간이지만 배를 타고 가야 하는 경도회관과 미림횟집, 그리고 돌산대교 밑쪽에 당머리첫집, 하얀집, 선창횟집, 빠지마을횟집 등이 있고, 통장어탕은 상아식당, 산골식당, 해변식당, 칠공주식당, 자매식당 등을 추천한다.

 찾아가기

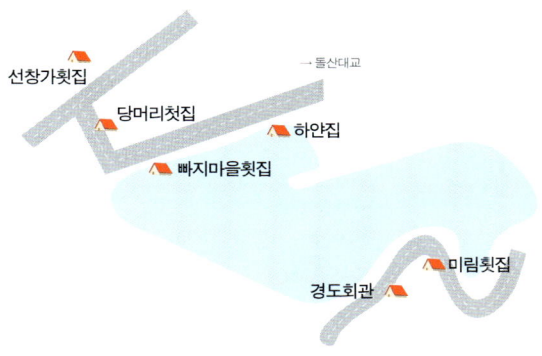

★ 하모 열전

경도회관 | Menu 하모(참치회), 하모샤브샤브, 갯장어 샤브샤브 Tel 061-666-0044, Location 여수시 경호동 621 / 미림횟집 | Menu 갯장어 회, 하모(참장어)요리 등 Tel 061-666-6677, Location 여수시 경호동 614-1 / 당머리첫집 | Menu 하모(참장어)요리 Tel 061-641-4602 Location 여수시 남산동 28-1 / 하얀집 | Menu 하모(참장어)요리 Tel 061-641-8478 Location 여수시 남산동 27-29 / 선창횟집 | Menu 하모(참장어)요리 Tel 061-644-3913 Location 여수읍 평사리 78-27/ 빠지마을횟집 | Menu 하모(참장어)요리 Tel 061-641-6125 Location 여수시 남산동 28

★ 통장어탕 열전

상아식당 | Menu 통장어탕, 장어구이 Tel 061-643-7840, Location 여수시 경호동 1082-7 / 산골식당 | Menu 통장어탕, 장어구이 Tel 061-682-0152 Location 여수시 봉계동 263-7 / 해변식당 | Menu 통장어탕, 장어구이 Tel 061-642-7530 Location 여수시 남산동 727 / 칠공주식당 | Menu 통장어탕, 장어구이 Tel 061-663-1580 Location 여수시 교동 595-2 / 여흥식당 | Menu 통장어탕, 장어구이 Tel 061-662-6486 Location 여수시 교동 358 / 자매식당 | Menu 통장어탕, 장어구이 Tel 061-641-3992 Location 여수시 국동 1082-7

BEST 03 한정식 열전

 여수의 한정식은 순천과 확연히 다르다. 주로 해산물 위주의 식단이 짜여지기 때문이다. 여수 주변 바다에서 나는 온갖 해산물이 상 위에 오른다. 메뉴는 특별히 정해진 것이 없고, 제철에 많이 나오는 생선과 해산물, 갓김치를 비롯하여 남도만의 푸짐한 상이 차려진다. 처음에는 찬 음식으로 시작해서 더운 음식으로 마무리 짓는데, 그래야 여수 한정식의 참 맛을 느낄 수 있다.
 '한일관'은 여서동에 있다. 첫 번째 오른 상은 찬 음식으로, 회를 비롯한 싱싱한 제철 해산물 스무 가지 정도로 차려지는데, 맛보다 먼저 눈이 즐겁다.

두 번째 상은 따뜻한 음식이 나오는데, 홍어삼합을 비롯해 능성어구이 탕수, 해물완자, 소불고기, 키조개관자 볶음 등이다. 따뜻한 기운이 몸에 들어가니 나른해지면서 마음이 편해진다. 그리고 마지막 상은 해물된장과 윤기가 도는 쌀밥, 그리고 남도 반찬 열 가지가 추가로 나온다. 묵은 갓김치도 좋고, 전어 밤젓도 깊고 개운하다.

'자산어보'는 문수동에 있다. "대한민국 최고가 될 수 없다면 시작도 하지 않았습니다."라는 문구가 떡하니 입구에 걸려 있다. 자산어보라는 상호도 그렇지만 남도의 섬들로 이름을 붙인 방들까지 특색을 갖췄다. 특별히 내세울만한 독특한 음식이 있는 건 아니지만, 가격 대비 싱싱하고 고급스런 회와 해산물이 끝도 없이 나온다. 메뉴 하나하나 깔끔하고 정갈하게 맛있다. 대미를 장식하는 지리수제비도 시원하고 맛 좋다.

'오죽헌'은 학동에 있다. 맛에서 만른은 누구에게도 뒤지지 않고 최고라는 자부심으로

운영하고 있다 한다. 부드러운 바다장어구이, 토종 더덕 향에 취할 수밖에 없으며 삭스핀, 신선한 산낙지와 야채볶음, 진품 중의 진품 영광굴비, 전통의 구이요리 맥적, 전복의 다양함, 계절의 별미 매생이, 오죽헌의 자랑인 전가복, 살아 있는 해물전골, 촉촉한 대하살, 생선구이의 최고봉 금풍생이 등 메뉴만 나열하기에도 숨이 찬다. 또한, 싱싱한 회도 맛볼 수 있으니 더욱 좋다.

 맛집 정보

한일관 | Menu 한정식 Tel 061-654-0091 Location 여수시 여서동 229-4 / 자산어보 | Menu 한정식 Tel 061-651-5300 Location 여수시 문수동 194-6 / 오죽헌 | Menu 한정식 Tel 061-685-1700 Location 여수시 학동 211-14 / 다다 | Menu 한정식 Tel 061-652-0061 Location 여수시 문수동 284-9

🏪 빼놓을 수 없는 맛집 BEST 04

　여수에 왔다면 비켜갈 수 없는 곳이 있다. 소문난 잔치에 먹을 거 없다고 하지만, 여수만큼은 사뭇 다르다. 여수의 맛은 해류에서 시작한다는 말이 있다. 남에서 올라온 쿠로시오 해류가 여수반도와 경남을 거쳐 동해로 빠져나간다. 또 서쪽으로는 여자만의 갯벌이 있고, 남으로는 모래 바다가 펼쳐진다. 이 때문에 갯벌에서 서식하는 꼬막, 낙지로부터 깊은 바다에 사는 삼치, 병어, 바다장어, 서대에 이르기까지 여수만의 아주 독특한 해산물 자원의 스펙트럼을 가졌다고 할 수 있다. 이런 생태 조건에서 나오는 여수의 맛이란, 여러 말이 필요 없지 않을까? 그러나 요즘은 여행객들의 입맛 수준이 너무 높

아져서 맛집 소개하기가 꺼려질 때가 있다. 사실, 모든 식당들이 그렇듯이 대형화되면서 본연의 맛을 잃어버린 곳이 많다 보니 호불호가 분명히 갈릴 수밖에 없다. 아무튼, 여기에 소개한 식당들 중에 예전의 맛과 정성이 느껴지지 않을 수가 있다. 하지만 오래된 명성만큼 기본은 지켜간다는 믿음이 있기에 소개를 해본다.

'구백식당'은 여객선터미널 앞에 있다. 금풍생이 구이와 서대회, 대창찜 등이 유명하다. '삼학집'은 서대회의 원조라 불린다. 자체 개발한 식초로 버무린 서대회는 집 나간 입맛을 돌아오게 한다. '복춘식당'은 교동에 있는데, 이곳도 서대회 무침, 아구탕으로 유명하다. '여정식당'은 대창, 아구찜, 키조개 게지찜이 있는데 가을, 겨울의 별미다. 특히 채소는 무농약으로 직접 재

배한 것을 내놓는다. '노래미식당'은 이름 그대로 노래미탕이 맛있다. 노래미는 육질이 단단하고 고소하며 뼈에서 우러나오는 국물이 산뜻 담백하다. 노래미 중에서도 보리가 익을 무렵 잡은 보리노래미를 최고로 치는데, 회로 먹어도 좋다. '민들레식당'은 선어회 전문이다. 선어회는 일정시간 6시간에서 이틀 정도 숙성시켜 회처럼 내놓는데, 주로 여수 인근에서 잡히는 참돔, 병어, 삼치를 쓴다. 민어철에는 참돔 대신 민어가 나온다.

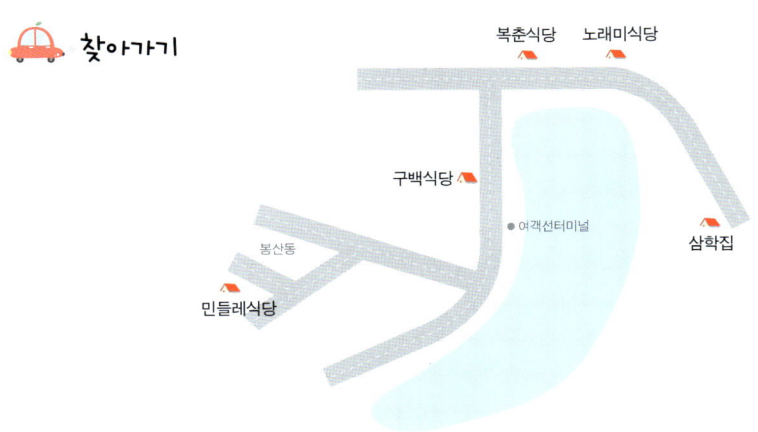

구백식당 | Menu 서대회무침, 아구찜, 금풍생이구이 Tel 061-662-0900 Location 여수시 중앙동 798 / **삼학집** | Menu 서대회 Tel 061-662-0261 Location 여수시 중앙동 277 / **복춘식당** | Menu 아귀찜 Tel 061-662-5260 Location 여수시 중앙동 389 / **노래미식당** | Menu 노래미정식, 회덮밥 Tel 061-662-3782 Location 여수시 중앙동 437 중앙동로터리 / **민들레식당** | Menu 노래미정식, 회덮밥 Tel 061-641-7001 Location 여수시 봉산동 271-1

BEST 05 놓칠 수 없는 맛

연등천 포장마차

둔덕동 호랑산에서 시작되는 연등천은 여수 구시가지를 지나 남으로 흐른다. 여기에 대표적인 재래시장인 교동시장과 서시장이 마주하고 있다. 포장마차촌은 서시장의 연등천변에 줄지어 있는데, 별다른 간판도 없이 주로 20번집, 41번집으로 불린다. 이곳의 주된 메뉴는 말할 것도 없이 해산물이다. 그중에서도 목포에는 홍어삼합, 장흥에는 키조개삼합 등이 유명하지만 이곳은 사실, 오합이라 말해도 될 듯하다. 해산물만 먹으면 물리기 때문에 삼겹

살을 넣고 산낙지, 키조개, 새우와 묵은지가 합해졌다. 그런데 부르는 것이 삼합이니 아무래도 이합은 덤이 되는 셈이다. 모름지기 포장마차는 가격이 저렴해서 좋고 정이 흘러서 좋다. 연등천 포장마차에 들러보시라. 맛도 맛이지만 주문하지 않아도 덤으로 올라오는 안주에 소주잔이 넘쳐날 테니….

돌산 굴구이

영양이 풍부한 굴은 한자로 '돌에서 피는 꽃'이란 의미에서 '석화(石花)'라 부른다. 굴은 콜레스테롤을 줄이고 혈압을 저하시키는데 그만이며 비타민과 무기질이 많아 빈혈치료에도 효과적이라 한다. 또한, 굴은 멜라닌 색소를 분해해 살결을 하얗게 해주고 저칼로리 영양식으로 비만을 막아 주는 건강 미용식품으로 알려져 있다. 찬바람이 불고 수온이 낮아지면 제맛인 굴. 살이 통통 오른 굴의 참맛을 느낄 수 있는 시기는 11월에서 3월까지다. 굴구이는 여수의 어느 곳에서 먹어도 맛있지만 특히 돌산 평사 일대 해변 마을과 화양면 원포, 안포 주변에 자리한 굴구이집 맛이 일품이다. 아직 굴구이를 맛보지 않았다면 해넘이와 해돋이 감상을 겸해 여수의 돌산대교를 건너보면 어떨까?

맛집 열전
순천

산들강, 갯벌의 맛 순천

🏪 국밥 열전　BEST 01

　국밥은 가장 서민적인 음식 중의 하나다. 국밥의 정확한 유래는 잘 알려지지 않았으나 아마도 널리 먹기 시작한 것은 한국전쟁 이후라고 추측하기도 한다. 모두들 가난했던 시기, 쇠고기 육수로 만드는 설렁탕에 비해 값싼 돼지 뼈를 푹 고아서 만들게 된 것이 계기가 되었을 거라는 얘기다.

　요즘은 전국 어딜 가나 원조 국밥집이 많이 생겼다. 모두들 원조라 하니 먹는 소비자의 입장에서는 오해가 생길 수 있고, 호불호가 갈릴 수 있다. 하지만 어느 지역에나 그곳만의 독특한 색깔의 국밥을 만들어 내고 있으니, 주머니 사정이 넉넉지 않은 사람들에게 국밥 한 그릇이면 든든한 한 끼를 해결할 수 있어 그만이다.

　순천에도 국밥집이 꽤나 많다. 하지만 순천만의 색다른 맛을 우려내고 있으니, 순천에 들른 여행자가 가볍게 한 그릇 먹어본다면 왜 남도가 맛의 고장인지 국밥 한 그릇만으로도 그 진가를 알 수 있을 것이다.

　자! 그럼 어디에 내놓아도 맛에 있어서 손색없는 순천의 국밥집을 찾아가 보자.

　먼저, 웃장과 아랫장의 오일장 양대산맥 국밥집이다. 육수는 식당마다 약간의 차이가 있긴 하지만, 돼지 뼈에 헛개나무, 오가피나무, 당귀 등의 한약재를 넣고 푹 고아서 우려낸다. 웃장국밥은 삶은 돼지 머리에서 발라낸 살코기가 많은 머리국밥이라면, 아랫장 국밥은 내장과 순대가 들어간 내장 위주의 국밥이다. 웃장 국밥은 2인분 이상을 주문하면 수육과 순대가 서비스로 나온다. 가격 또한 6,000원으로 아주 착하다. 아랫장 국밥은 선택의 폭이 넓다. 머리, 순대, 내장, 새끼보 등 본인의 취향에 맞는 것을 선택할 수 있다. 가격은 7,000원.

웃장은 제일식당, 괴목식당 등이 유명하고 아랫장은 건봉국밥, 구백식당이 있다. 그 외에 순천 시내에서 20분쯤 떨어져 있지만, 시간을 투자한 만큼 맛을 보장하는 괴목시장 국밥이 있다. 이곳은 옛날 순대로도 유명하다. 괴목에서 바로잡은 질 좋은 돼지고기만으로 만들기 때문에 신선하고 믿을만하다. 또, 구도심 문화의 거리 근처에 옴팡골이 있다. 이곳은 전주식 콩나물 국밥이지만, 시원한 국물이 일품이다.

찾아가기

제일식당 | Menu 국밥 Tel 061-763-4655, Location 순천시 동외동 202(웃장) / 건봉국밥 | Menu 국밥 Tel 061-752-0900 Location 순천시 인제동 371-1(아랫장) / 구억식당 | Menu 국밥 Tel 061-745-3272 Location 순천시 인제동 371-1(아랫장) / 할머니국밥 신한식당 | Menu 국밥 Tel 061-745-0052 Location 순천시 황전면 괴목리 45 / 옴팡골 | Menu 국밥 Tel 061-743-5858 Location 순천시 저전동 142-6

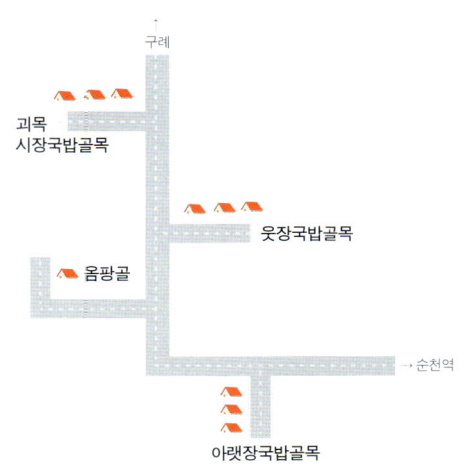

BEST 02 한정식 열전

한정식이란 한국의 반상 차림을 서양의 코스요리처럼 격식을 갖춰 차려내는 음식으로 정의할 수 있겠다. 한정식의 유래에 대해서는 정확한 연대는 찾아보기 힘들지만, 대략 일제강점기로 추측하기도 한다. 아마도 요정문화에서 유래가 되지 않았을까 하는 의견이 많기도 하지만, 사대부가의 상차림에서 유래했다는 말도 있고 궁중음식을 한정식의 기원으로 보기도 한다. 어쨌든, 음식은 당시의 유행이나 시대정신의 영향을 받게 마련이어서 한정식도 많은 변화를 가져왔으며 실제로 전통 한정식을 표방한 집들을 보면 이미 퓨

전화한 한국음식이 뒤섞여져 있다. 요즘은 입이 딱 벌어지게 한 상으로 차려내던 한정식 상차림도 점차 코스요리 개념으로 바뀌는 추세이다.

하지만 아직 옛 전통의 맥락에서 한정식을 차려내는 식당들이 남도에는 여럿 존재한다. 대부분의 한정식 집들은 한옥을 개조해 만들었기 때문에, 방으로 안내를 받으면 상이 없는 경우가 있다. 이는 부엌에서 거나하게 차려진 상을 통째로 그대로 들고 들어오기 때문이다.

'대원식당'은 순천시청 근처에 있다. 1966년에 문을 열었다 하니, 순천에서 오래된 한정식집 중 하나다. 예약을 하지 않으면 맛볼 수 없고 4인 이상만 받는다. 옛날식 그대로 주방에서 한 상 차려서 손님방으로 들고 들어오는데, 음식들이 어느 것 하나 빠지지 않고 고르게 맛이 깊다. 아마도 고추장, 된장, 간장 같은 장류는 직접 담가 쓰는 게 일차적인 비밀이 아닐까 한다.

'평사리 가는 길'은 옥천을 따라 올라가면 조용한 주택가에 숨어 있다. 이곳은 녹차음식 전문점으로 맛도 맛이지만 정갈한 접시에 올려진 음식 데코레이션은 보는 눈을 즐겁게 해 준다. 맨 먼저 만나는 것이 꽃자수 물수건인데, 이것 하나만으로 이 집의 깔끔함을 눈치챌 수 있다. 또 나오는 반찬마다 이야기가 숨어 있어 주인장이 하나하나 설명을 곁들여주기도 한다. 주변의 흔한 꽃과 나뭇잎도 이곳에서는 고급스런 장식으로 변한다는 사실에 주목.

'싸목싸목 해파랑'은 풍덕동 홈플러스 뒤편에 있다. 순천의 대표 음식 1호점인 이곳은 남도의 문화가 스며 있는 환경에서 순수 친환경 농산물과 천연 조미료를 사용하고 순천시에서 마련한 '순천미인밥상'을 활용, 어머니의 손맛을 담은 웰빙 건강 상차림으로 운영하고 있다. 또한, 순천에서 생산하는 친환경 농축산물을 식재료로 사용하여 전통 한정식을 만들어 판매한다. 순천시에서 지정하고 지원하여 명품 업소를 육성하고 있는데, 싸목싸목은 천천히, 느리게의 전라도 말이다.

그 외에도 옥천 근처의 다심정가, 청암대 사거리 쪽에 있는 청해, 문화의 거리 공마당 근처의 일억조, 순천시청 근처의 명궁관 등이 유명하다.

 맛집 정보

다심정가 | **Menu** 한정식 **Tel** 061-744-5009 **Location** 순천시 저전동 58-21 / 청해 | **Menu** 한정식 **Tel** 061-741-5555 **Location** 순천시 덕월동 2-11 / 일억조 | **Menu** 한정식 **Tel** 061-752-4666 **Location** 순천시 금곡동 181-3 / 명궁관 | **Menu** 한정식 **Tel** 061-741-2020 **Location** 순천시 장천동 63-10

🏪 백반 열전

BEST 03

　백반, 백 가지 반찬을 말할까? 하얀 쌀밥을 말할까? 얼마 전 TV 1억 쇼의 문제다. 정답은 손님이 왔을 때 따뜻한 흰 쌀밥을 해준 것이 유래라 한다. 산해진미, 남도의 어느 식당에 들어가든 만날 수 있는 수많은 반찬. 순천의 백반은 여행자들의 입맛을 끌어당기는 묘미가 있다. 어쩌면 가장 흔한 식사인 백반. 고나물에 고밥 같지만, 남도 순천의 백반은 막상 밥상을 받아 보면 상상을 뛰어넘는다. 과연 이 가격으로 본전이나 뽑을까 하는 생각이 먼저 든다. 생선찌개에 돼지고기 볶음, 꼬막은 기본이다. 구운 생선이 떠억 올라오고 각종 나물에 도토리묵을 곁들고 전라도식 김치까지…. 그리고 몇 차례라도 리필은 기본이라는 것. 거기다 공기밥 추가는 아예 돈을 받지 않는 곳도 있다.

  어디를 먼저 추천하든, 집집마다 찬 가짓수나 종류에 약간의 차이만 있을 뿐 맛은 보장된다. 인터넷 검색을 하면 가장 많은 추천을 한 곳이 접근성이 좋은 순천역 앞에 있는 홍덕식당이다. 그리고 구도심권의 경자네식당. 이 식당은 노인들의 만남의 장소처럼 보였는데 언제부턴가 소문이 나서 젊은 사람들이 장악하게 되었다. 상사호 가는 길에 벽오동, 왕성식당은 두말할 필요가 없다. 접근성이 약간 떨어지긴 하지만 그만한 맛을 보장해 주기 때문에 발품이 아깝지 않다. 그리고 선암사 가는 길의 진일기사식당과 쌍암기사식당, 여수에서 순천으로 들어오는 길목에 있는 진달래식당 등도 빼놓을 수 없다.

 맛집 정보

홍덕식당 | Menu 백반 Tel 061-744-9208 Location 순천시 홍덕동 / 경자네식당 | Menu 백반 Tel 061-752-8878 Location 순천시 행동 45-1 / 왕성식당 | Menu 백반 Tel 061-742-9447 Location 순천시 덕월동 1065 / 벽오동 | Menu 백반 Tel 061-743-5569 Location 순천시 덕월동 1013-1 / 진일기사식당 | Menu 백반 Tel 061-754-5320 Location 순천시 승주읍 신성리 963 / 진달래식당 | Menu 백반 Tel 061-721-1010 Location 순천시 연향동 127 / 쌍암기사식당 | Menu 백반 Tel 061-754-5027 Location 순천시 승주읍 서평리 444-1

🏪 대표 맛집 열전   BEST 04

    망설이지 말자. 먹고 싶은 메뉴만 선택하자. 순천의 대표 맛집이 여기 있다. 물론 필자의 주관성이 강하다. 하지만 함께 먹어 본 사람들은 결코 그 맛과 풍미에 대해 후회하지 않았다는 것.

    순광식당은 순천 시청 앞 골목에 자리 잡고 있다. 테이블이 겨우 다섯 개 정도의 좁은 공간에서 운영하다 최근 확장 이전했다. 이 집의 별미는 산낙

지 비빔밥과 대구탕이다. 산낙지는 아침에 시장에서 공수해 와서 바로 내놓는다. 그런데 다른 식당하고 뭐가 다르냐고? 첫째는 낙지의 양에 놀라고 시원하게 끓여낸 조갯국에 놀란다. 그뿐인가. 곁들여진 반찬의 깔끔함에 또 한 번 놀란다. 맑은 대구탕은 약간 매콤하면서도 시원하다. 해장에 그만이다.

고흥식당은 시청 주차장 앞에 있다. 나이 드신 노부부가 종업원도 없이 영업을 한다. 이곳도 근래 리모델링을 해서 테이블이 몇 개 늘었다. 주메뉴는 연탄불 주꾸미구이와 서대회. 싱싱한 주꾸미를 갖은 양념해서 연탄불에 구어 먹으면 그 맛이 일품. 사월의 주꾸미는 알이 꽉 차서 더욱 맛있다. 그런데 이곳은 저녁 9시면 문을 닫는다. 8시 40분쯤 추가 주문을 하면 욕을 한 사발 얻어들을 수도 있으니 주의 요망.

호남식당은 프리머스 극장 맞은편 골목에 있다. 이곳 또한 주메뉴가 주꾸미구이긴 하지만, 계절별로 나오는 해산물인 꽃게탕, 서대회 등도 유명하다. 사실대로 말하면 이 집은 주메뉴보다 반찬이 더 맛있다. 꽃게장에다 피고막까지, 그리고 순천의 전통적인 맛이 고스란히 남아 있는 나물들은 별미 중 별미다. 순천만의 특별한, 토속적인 맛을 원한다면 강추한다.

강변장어구이는 순천만 자연생태공원 입구에 있다. 순천만이 개발되기 전에는 대대포구 바로 앞에 자리 잡고 있었는데, 개발이 되면서 지금의 위치로

밀려났다. 주메뉴는 짱뚱어탕과 장어구이다. 다른 식당과는 달리 짱뚱어를 포떠서 푹 고아내기 때문에 진국을 의심할 여지가 없다. 장어구이는 양념과 소금구이 두 가지로 타 식당들과 별반 차이가 없지만, 곁들어 나오는 반찬의 깔끔함과 맛에 놀랄 수밖에 없다.

그 외에도 시청 근처 금빈회관, 문화의 거리에 있는 인사동 식당, 버스터미널 근처 일품뻘낙지 등도 추천할 만하다.

 맛집 정보

순광식당 | Menu 낙지요리 Tel 061-745-6331 Location 순천시 장천동 48-10 / 고흥식당 | Menu 쭈꾸미요리 Tel 061-743-1585 Location 순천시 장천동 42-10 / 호남식당 | Menu 쭈꾸미요리 Tel 061-742-5849 Location 순천시 장천동 52-5 / 강변 장어구이 | Menu 장어요리 Tel 061-742-4233 Location 순천시 대대동 594

BEST 05 선술집

 언젠가 선술집 기행을 꿈꾼 적이 있다. 워낙 술을 좋아했던 탓이기도 하지만, 술과 안주가 있다면 어딘들 찾아가지 않으리. 순천의 선술집들은 단골들 위주로 운영되고 있어서 쉽게 드러나 있지 않다. 가끔은 소문 듣고 물어물어 찾아가보면 허름하기 짝이 없는 곳임에도 불구하고 안주가 일품인 집이 많다. 모두 다 소개할 수 없어, 그중 대표적인 몇 곳만 소개하는 게 안타까울 따름이다.

고흥포두식당은 상사호 가는 길목에 있다. 십여 년 전에는 아주 허름한 좌판 몇 개 놓고 장사를 했었는데, 주 고객은 일용직 노무자들이었다. 고된 하루 일을 마치고 대포 한 잔에 피로를 풀고 가는 곳. 그러나 언제부턴가 돈 없는 예술가들이 발을 하나둘 들여놓으면서 입소문을 타기 시작했다. 메뉴는 족발이다. 족발이라고 우습게 보면 안 된다. 다른 곳에서 먹어본 족발과는 확연히 다른 식감과 미감을 준다. 또 그날그날 장에 나온 해산물들도 즉석에서 요리해 주기 때문에 선택의 폭이 넓다.

현빈네는 아랫장에 있다. 이름이 나면서 몇 개 지점을 낸 것으로 알고 있는데, 아랫장에 있는 것이 가장 오래되었다. 이곳은 전(부침)으로 유명한데, 꼬막, 굴, 키조개, 동태 대그빡전, 해물파전 등이 있다. 이 집만의 자랑이 또 하나 있는데 돈족탕이다. 뽀얀 국물에 돈족과 떡국을 넣어 끓여 내는데 그 진한 국물 맛이 일품이다. 비 오는 날은 어김없이 생각나는 집이다. 또한, 주머니 사정이 넉넉지 않아도 충분히 즐길 수 있어 좋다.

이샌집은 금당 지구에 있다. 이곳은 홍어삼합과 함께 계절요리 전문점으로 정평이 나 있다. 전어, 서대, 낙지, 주꾸미 무침과 새조개 등의 주요 요리와 정갈한 밑반찬이 훌륭하다. 또한, 대금을 사랑한 주인장이 내부를 꾸며 소탈하면서도 정감이 있는 곳으로 미식가와 애주가들의 발길을 멈추고 지난 시간과 오늘을 동시에 느끼게 해 주는 곳이다. 한 가지 단점이라면 일찍(10시쯤) 문을 닫는다는 것. 그리고 재료가 떨어지면 못 먹는다는 것.

 맛집 정보

고흥포두식당 | Menu 족발 Tel 061-725-1113 Location 순천시 덕월동 908-5 / 현빈네 | Menu 전, 우족탕 Tel 061-743-3367 Location 순천시 조례동 1830-2 / 0 샌집 | Menu 회무침 Tel 061-726-5021 Location 순천시 연향동 1450-3

BEST 06 지역 스페셜

지역마다 그 지역의 독특한 맛과 공간을 가진 곳이 있다. 오랜 세월을 견뎌내면서 지역의 특성에 맞는 음식문화를 키워왔거나 문화예술의 향기를 간직하고 있는 곳. 언제나 그 자리를 지키며 사람들과의 따뜻한 만남을 기대해도 좋은 곳, 그곳을 소개한다.

광양기정떡은 증편, 술떡이라고도 불린다. 4월 말부터 10월 초까지만 판매되는 기정떡은 잘 쉬지 않아 여름철 음식으로 알맞으며 소화가 잘돼 위장장애가 있는 사람이 먹어도 전혀 탈이 없을 정도이다. 쌀과 막걸리를 발효시켜 특유의 부드러운 질감과 독특한 맛이 고향의 향수를 느끼게 한다. 이곳 남도 지역에서 기정떡이 더욱 활발하게 만들어 졌는데, 이는 지역 특성상 북쪽에 비하여 따뜻한 기온과 쌀과 보리가 풍부하게 생산되었기 때문이기도 하다.

순천문화예술회관 앞에 원조집이 있는데, 한번 먹어 보면 말할 수 없는 중독성이 있어 혹시 우리가 모르는 마법의 약품을 타지 않았나 하는 의심을 갖게 할 정도이다.

군산에 이성당이 있다면 순천에는 화월당이 있다. 1920년에 현재의 위치에 처음 문을 열었으니 100년이 다 되어 간다. 허름한 동네 빵집이지만, 거대자본으로 무장한 프랜차이즈에 비교해도 맛과 품질은 전혀 손색이 없다. 이 빵집은 메뉴가 많지 않다. 그중 최고 인기를 끄는 것은 찹쌀떡과 볼 카스테라다. 좋은 재료와 정성으로 만들어 알음알음 입소문이 나서 찾는 이들의 발길이 계속되고 있다. 마침한 선물이 없다면 가격도 저렴한 볼 카스테라를 선물해 보길 권한다.

아트카페 후두둑은 순천대 앞에 있다. 근래 비슷비슷한 인테리어를 하고 우후죽순으로 생기는 커피집들이 많지만, 문화예술을 함께 즐길 수 있는 후두둑은 좀 색다르다. 이곳에서는 매월 한두 차례 인디밴드 공연이 열리고 사진 전시가 연중 계속되며, 작가와의 만남 시간도 있다. 문화예술이 척박한 지방 소도시 환경에서는 오아시스 같은 공간이다. 당대의 예술가들은 순천에 오면 한 번씩 발길을 주고 가는데, 소설가 박완서 선생님을 비롯하여 《무진기행》의 김승옥 선생, 그리고 소나무 사진가로 유명한 배병우 작가도 다녀가셨다. 카페 내부에는 시집과 사진 작품, 사진집이 즐비하다. 비를 좋아해서 후두둑이라 이름 지었다는데, 후두둑 빗방울처럼 뭇사람들과 함께 가슴을 적시는 소통의 공간이 되었으면 한다.

 맛집 정보

광양기정 오미당 | Menu 떡 Tel 061-726-1237 Location 순천시 조례동 1622-9 / 광양기정떡 | Menu 떡 Tel 061-751-0064 Location 순천시 석현동 176 / 화월당 | Menu 빵 Tel 061-752-2016 Location 순천시 남내동 76 / 후두둑 | Menu 커피, 와인 Tel 061-753-6110 Location 순천시 석현동 131-2

남도 여행

Chapter
04

남도에서의 만남

01

사람을
만나다

여수 사람 : 배병우, 허영만
순천 사람 : 김승옥

뛰어난 예술의 혼을 품은 예술가들은 남도의 문화적 토양을 풍성하게 하면서 남도 문화예술의 꽃을 피우는데 충분한 자양분 역할을 해 주었다. 이미 세계적 작가로 우뚝 선 사진가 배병우, 만화예술계의 살아 있는 원전으로 통하는 치열한 승부사인 만화가 허영만, 우리 시대의 대표적 작가로서 《무진기행》을 쓴 김승옥은 현대 예술의 새로운 지평을 열어 가고 있다.

사진가 / 배병우

여수 구항을 끼고 형성된 도심의 언덕에 국동과 봉산동이 있다. 야트막한 구릉지대로 멀리 바다가 내려다보이는 곳이다. 이곳에서 사진가 배병우는 어린 시절을 보냈다. 등 뒤로는 해발 386미터의 구봉산이 높다랗게 자리하고 있고, 그 완만한 자락의 끄트머리에 국동이 있다. 바다와는 손끝이 간질거릴 만큼 한 거리이다. 배병우 자신이 기억하는 어린 시절은 당시 여느 아이들과 다르지 않다. 집안의 살림은 어업협동조합원으로 해산물 경매를 하던 아버지의 덕택으로 어렵지 않았으며, 짓궂고 건강한 시절을 보냈다. 지금도 그의 큰 덩치와 건강한 얼굴빛을 보노라면 여수에서의 어린 시절이 환하게 그려진다. 고등학교 시절 유도부원으로 활약을 펼치면서 체육대학으로부터 장학 입학을 권유받기도 했지만,

1969년 홍익대학교 시각디자인과에 입학했다. 어려서부터 그림 그리기를 좋아했고, 집 근처 둔덕에서 내려다보이는 바다의 풍경을 늘 마음속에 담아두었던 탓이기도 하다. 이미 국민(초등)학교 때 교실 뒤편 환경 미화를 하는 벽에 자신의 바다 그림을 걸어둔 터이다. 그는 당시를 이렇게 기억한다.

"내 기억 속에서 가장 오래된 그림은 초등학교 2학년 때 교실 뒷벽에 붙어 있는 것이다. 큰 나무 밑에 작은 기와집이 납작 엎드려 있고, 멀리 바다가 보이는 크레파스화였다."

누구에게나 어린 시절의 영향은 지대하다. 특히 자신의 감성적인 정서를 결정짓는 여러 가지 요소 중에서 어린 시절의 환경은 청·장년 시절을 회 돌아 다시금 근본으로 돌아오게 하는데 결정적인 역할을 하게 마련이다. 수려한 바다와 산을 끼고 있는 여수에서 사진가 배병우가 얻은 정서와 의식의 자양(滋養)은 지금 인생의 후반을 지나가는 그의 의식과 삶의 궤적을 결정하는 듯하다. 저 멀리 경기도 파주에 위치한 헤이리 예술인 마을에 스튜디오를 짓고 거주하면서도, 그리고 그간 국내·외에 소나무 사진으로 큰 호응을 얻어 유명작가의 반열에 올랐음에도 여전히 그의 가슴에는 고향인 여수 앞의 검푸른 바다가 큰 폭으로 일렁인다. 올 들어서만도 벌써 대여섯 번 다녀온 여수다. 지금 그는 여수 앞바다를 중심으로 펼쳐진 남쪽 다도해를 촬영하고 있다. 이제 그 동안 찍었던 소나무로 여수 앞바다에 자신만의 배를 띄우고 있다.

배병우는 소나무 작가다. 아니 그렇게 알려져 있다. 그의 작업은 긴 포맷의 카메라(파노라마카메라)로 세로의 긴 소나무를 담고 있다. 때로는 소나무 뒤로 안개가 살며시 끼어 있기도 하고, 또 때로는 바다나 산등이 함께 보이기도 하지만, 그의 주된 관심은 소나무 그 자체에 있다. 마치 거북이의 등처럼 갈라진 형상을 하고 두툼한 외투를 입은 듯한 느낌의 강인한 소나무를 그동안 끈질기게 작업해 왔다.

배병우가 카메라로 바라본 것은 소나무다. 아마도 이 땅에서 태어나 살아가는 사람이라면 누구라도 우리의 소나무에 대하여 뿌리 깊은 애정을 가지고 있을 것이다. 그리고 그 형상에 대한 '시각적 배려' 또한, 매우 각별할 것이다. 아무리 척박한 곳에 서 있는 소나무라 할지라도 그 모습은 언제나 범상치 않다. 그저 망연히 아름답다. 구불구불 똬리 튼 모습으로 하늘을 향해 뻗어 올라간 선(線)의 곡(曲)은 우리로 하여금 탄성을 자아내게 한다. 이는 서양에서 들어 온 미송(美松)이 가지지 못한 미덕(美德)이다. 또한, 소나무의 껍질은 마치 용의 비늘이나 거북이의 등껍질 모양을 하고 있기에 나무임에도 불구하고 그 영물들과 동일시하는 마음이 우선 든다. 그뿐만 아니다. 우리 인간들보다 월등 오랜 세월을 살아가기에, 나의 아버지와 그의 아버지의 아버지가 살아온 모습들을 가까이에

서 모두 보아 알고 있을 것이라는 외경(畏敬)의 마음으로 절로 그 앞에서 고개를 숙이게 한다. 또 있다. 어떤 수목보다도 소나무는 그 생명의 지킴이 끈질기다. 아무리 척박한 토양이라 할지라도 꿋꿋이 잘 견디어내며 심지어 자신의 뿌리, 그러니까 목숨의 탯줄을 땅 밖으로 드러내며 생존을 지켜나간다. 이러한 소나무에 대한 관찰로 배병우는 자신의 삶에 정초(定礎)를 확고히 한 듯하다. 그가 그동안 작가로서 상업적인 일이 아니라, 순전한 예술 작업으로써 했던 주제는 크게 두 가지이다. 하나가 초기의 바다이며, 다른 하나가 소나무이다. 이 두 개의 작업 중에서 그가 스스로에게 또는 나아가 전체 예술계에 자신의 사진관(觀)을 확고히 할 수 있었던 것은 바로 이 소나무였다. 이 작업으로 인해 국제적인 명성도 얻을 수 있었으며, 왜 사진을 하는가에 대한 당위를 세울 수도 있었던 듯 보인다. 이 부분이 중요하다. 자신이 생성해 놓은 작업이 다시금 스스로의 존재를 규정하는 일, 사유가 벌이는 몸에로의 회귀이다. 떨치기 어려운 고난이 때로는 자신을 자유롭게 하듯이, 산고의 아픔을 머금은 작업들이 작가의 현실에 갇힌 의식을 해방시키는 일도 가능한 것이다. 다소 과장되게 들릴지도 모를 이 판단들은, 오랜 시간 하나의 작업에 매달려온 작가가 '포기'와 '유지'를 반복하는 사이에 피어난 '의식의 꽃'에 대한 설명이다.

 최근 들어 배병우는 다시금 바다로 돌아가고 있다. 1985년에 마라도 작업을 한 이후 줄곧 소나무에 매달려오다가 최근 들어 자연스럽게 바다로 시선이 돌리고 있다. 그의 말을 빌면 이렇다.

 "1985년 두 번째 개인전 '마라도'는 우리 땅 여행의 귀착점이었다. 점과 점으로 이어가는 선(線)적 땅 보기였다. 그 무렵 동해에 있는 '양양'의 해변

을 따라 남쪽으로 촬영 순례를 하면서 마치 심마니가 산삼을 발견한 것처럼 '소나무'를 봤다. 그 후 우리 땅 한반도의 여러 솔숲과 솔밭을 전전했고, 설악산 계곡에서 흐르는 물을 마시며 그윽한 솔 향을 음미하기도 했다. 그러는 동안 소나무는 '한반도 땅의 등뼈인 태백산맥의 피와 살이다'라는 인식에 도달했다. 경주 남산 기슭은 점과 점으로 이어가는 선적 여행의 종지부를 찍게 해주었다."

이제 소나무와 함께한 작업은 종착점에 다다랐다. 그리고 그가 새롭게 발견한 것은 다시금 자신이 태어난 곳인 바다이다. 종래 바다다. 어린 시절 그 길고 긴 돌산으로의 길을 맨몸으로 걷고 또 걸어 향일암에 올라 가슴에 품었던 그 바다로, 또 오동도 섬 주변을 돌고 또 돌면서 동백과 함께 눈과 가슴으로 호흡했던 그 바다로, 배병우와 카메라가 다시 돌아오는 것이다. 사실 그가 그동안 소나무 작업을 하면서 전혀 바다를 포기했던 것은 아니다. 제주도 작업에서도 바다가 등장하며 짬짬이 다도해 작업을 하기도 했다. 하지만 전격적인 작업을 이제 다시 시작하고 있는 것이다.

만화가 / 허영만

　만화는 청량음료와 같다. 일상이 답답하고 나른할 때 한 잔 쭉 들이켜는, 속 시원한 음료 말이다. 만화를 그리지 않았다면 등대지기가 되었을 거라는 만화가 허영만을 어렵사리 화실에서 만났다. 철저한 자기관리, 근성이 몸에 배어 있어 시간을 쪼개는데 인색할 수밖에 없는 환경임을 금방 눈치 챌 수 있었다. 그의 책상은 메모지와 각종 취재 원고로 가득했다. 그는 강하면서도 부드러운, 위트가 없는 듯하면서 간혹 날리는 잽이 유머러스한 천상 작가였다.

　"초등학교 때 누나가 들고 온 잡지에서 처음으로 만화를 접했지요. 김용환의 '코주부 삼국지'였는데, 그때는 보기 드문 유일한 순수 국산 만화였어요. 이후 자연스럽게 동네 만화방의 단골이 되었고, 책가방에는 늘상 만화책을 넣고 다니는 조금은 불량학생(?)이 되었죠. 그래도 학교에서는 그림을 잘 그리니 환경 미화를 도맡아

했고 쓱삭뚝딱 만화도 잘 그리니 급우들에게 인기도 있었지요."

그가 태어난 곳은 순천에서 여수를 넘어가는 관문인 율촌이다. 아버지 근무처를 따라다니다 다섯살 때 여수에 정착한 곳이 관문동과 고소동. 동네 어귀 어디에서든 바다가 바라다 보였고, 선창을 놀이터 삼아 어린 시절을 보냈다.

그러다 아버지의 멸치어장이 망하는 바람에 학업에 난항을 겪게 되고 결국, 미대 진학을 포기하고 만화의 길로 들어섰다. 4년여 계속되는 흉어기에 경제적 곤란이 겹쳐 더는 진학을 허용하지 않았기 때문이다. 그는 여수고를 졸업하던 해, 단돈 3만 원을 챙겨 들고 상경을 했다.

남녘엔 이런 말이 있단다. '바다 사업하고 여자 밑에는 배가 일곱 척 들어가도 돛대 끝이 안 보인다'는. 육지에서 공장이 망하면 땅이라도 남지만 바다에서 망하면 흔적도 없어진다고. 어장이 망한 바람에 아버지는 화가를 꿈꾸던 그를 만화가로 만들었다.

혈혈단신 상경했지만 그는 이내 실력을 인정받았다. 한국일보 신인만화공모전에 당선되어 곧바로 데뷔를 하게 된 것이다. 그리고 오로지 한 길, 끊임없는 자기와의 싸움을 견디며 만화예술계 최고의 경지에 이르렀다. 하지만 아직 그의 생활은 데뷔 때나 지금이나 별반 차이가 없어 보인다. 성공하려면 남들보다 책상에 앉은 시간이 많아야만 했다. 다른 사람이 한 발짝 움직일 때 두 발을 움직이고 살기 위해서는 부지런히 그릴 수밖에 없었다고 고백한다. 아침에 일찍 출근하여 오후 6시 퇴근을 고수하는 이유도 거기에 있다.

허영만표 만화의 특징은 현장성과 일상성이다. 그는 철저한 취재를 통해 세부를 묘사한다. 대충 자료를 찾아 베끼는 것은 결코 용납하지 못한다. 독성이 강할 때는 성인 수십 명도 죽일 수 있는 맹독을 가진 복어알을 직접 맛보고, 소 몇 마리씩 잡아가며 그린 《식객(食客)》은 그의 치열한 취재 정신을 엿볼 수 있는 대목이다. 그래서 《식객》은 현장을 발로 뛰어 관찰한 한국 음식문화의 대표적 다큐멘터리라고 해도 과언이 아닐 것이다.

그가 고교 때부터 43년간 그린, 약 14만 쪽의 그림 속에는 우리들 삶의 애환과 고뇌, 인간적 슬픔과 기쁨, 희망이 담겨 있다. 우리 삶 가장 가까이서 우리의 정서를 읽어내고 그것을 그림으로 옮겨 낸 것이다. 《각시탈》, 《망치》, 《오 한강》, 《타짜》, 《식객》, 《무당거미》 등은 그렇게 탄생했다. 그의 창작열이 시들지 않듯이 그의 만화를 좋아하는 독자층도 식지 않았다. 그는 전대미문, 모든 연령층의 독자들에게 사랑을 한몸에 받고 있다. 매번 기대를 뛰어넘는 작품을 그려내기 때문이기도 하겠지만, 그의 성실성에서 나오는 작가적 면모에 더 끌리는지도 모를 일이다.

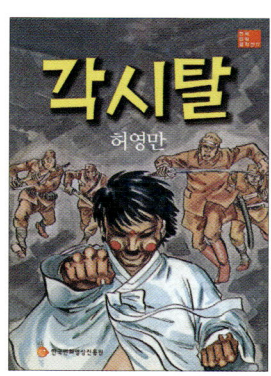
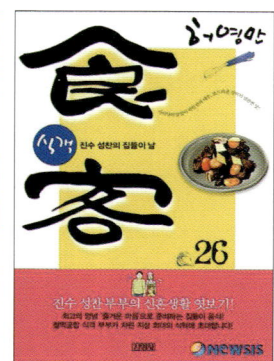
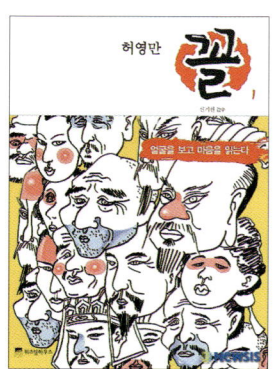

- 〈꼴〉 중에서

그는 몇 년 전부터 신문에 《꼴》을 연재하며 관상학을 공부했다. 왜 관상이냐고 물으니 누구나 관심 있는 소재를 다루고 싶었다고 말한다.

"예전에 풍수에 관심이 있어서 공부도 하고 여기저기 배우러 다녔는데, 특별히 할 수 있는 이야기가 많지 않고 독자들이 지루해할 것 같아서 그만뒀지요. 관상은 재미있잖아요. 사람들 얼굴에 씌어져 있는 운명도 읽어낼 수 있고, 완전히 배워서 그린다는 것은 도무지 불가능할 것 같아 매주 세 시간씩 공부하며 그리고 있어요. 너무 전문적으로 많이 알아도 독자들의 눈높이를 못 맞출 것 같아 독자들이 궁금해하는 부분을 속 시원히 풀어주려 노력하고 있어요."

그러나 관상학은 결코 만만치 않은 공부다. 특히 생소한 한자 용어가 많아 난관도 많다. 글로 된 것을 이미지화하는 작업이니 애를 먹을 수밖에. 그래서 관상 선생님께 일일이 감수를 받아가며 작업을 진행한다. 사람을 가까이

서 대하면 그 사람에 대한 성격이나 살아온 내력을 어림짐작할 수 있듯이, 관상을 배우다 보니 그 느낌이 나름대로 맞는다는 걸 알게 되었다 한다. 그는 관상에 너무 얽매이지 말라고 조언한다.

"인생은 몰라야 더욱 재미나는 거 아니겠어요? 관상 공부를 하게 되면 인생 공부를 많이 하게 됩니다. 관상이란 게 과거와 미래를 들여다보고 그 사람 안에 담겨 있는 것을 보면서 그 사람이 누구란 것을 알아가는 것이잖아요. 그런 면에서 관상은 꽤 실용적인 학문이지요. 관상을 공부하다 보니 자신의 부족한 부분을 알게 되고, 그것을 알게 되니까 겸손해져요. 그리고 매사에 신중해지더라고요."

《꼴》을 보고 자가 진단하는 사람들이 많이 늘었다고 한다. 난 코가 납작해서, 이마가 튀어나와서, 턱이 뾰족해서 나쁜 운명을 타고 났다고 믿는 사람도 있다. 하지만 100% 나쁜 것도 100% 좋은 것도 없다. 모든 것은 상호보완적이기 때문이다. 또 시대에 따라 나쁜 상이 좋은 상이 될 수도 있고, 좋은 상이 오히려 나쁜 상으로 바뀔 때가 있다.

그의 작품 《꼴》은 얼마 전 《관상》으로 영화화되어 큰 관심을 끌었으며, 2013년 최고의 수작으로 꼽히기도 했다.

그의 작품은 《식객》에서 이제 《꼴-관상》로 넘어왔다. 그러나 아직 《식객》이 끝난 것은 아니다. 앞으로도 할 이야기가 산재해 있다. 그래서 잠시 숨을 고르고 있는 중. 기회가 된다면 보신탕 이야기를 그렸으면 하는 바람도 있다. 보신탕은 중요한 먹거리고 숨은 이야기가 너무 많기 때문이다. 그러나 아직 찬반양론이 있어 고민 중이다. 그의 욕심대로라면 《식객》은 100권을 채워도 모자랄 것만 같다.

허영만, 여수에서 태어난 그의 여수 사랑은 각별하다. 현재 활동 영역이 서울이기 때문에 여수가 인천이나 강화도쯤의 거리만 되었어도 좋겠다는 생각을 가끔 해본다고 한다. 그는 여수가 과거를 잘 보듬은 역사적 도시로 거듭났으면 하는 희망을 갖고 있다. 도시를 바꾼다고 옛것들을 뭉개 버리고 시멘트로 채우는 일만큼은 하지 말았으면 한다고. 시멘트 문화는 추억을 만들 줄 모르기 때문이다. 여수의 아름다운 해변과 섬들, 완만한 곡선들, 이런 서정적 풍경의 바탕 위에 여수가 새롭게 변모하고 활기를 되찾았으면 한다. 그는 가끔 고향에 들러 회를 먹고 간다. 또 일부러 주문을 하여 택배로 횟감을 받기도 한다. 여수에서 태어나 풍부한 해산물의 맛을 알고 자란 것은 그의 미각에 커다란 축복이 아닐 수 없다. 《식객》에 나오는 걸쭉한 음식이야기들은 분명 고향 여수의 맛에 기원을 두고 있으리라.

한 길을 택해 그 길 위해 우뚝 선 사람, 그를 일러 '우리 시대의 초상(肖像)'이라 부르기를 주저하지 않는다.

소설가 / 김승옥

그를 만날 줄 몰랐다. 그것도 내가 운영하는 누추하고 작은 공간을 직접 찾아온 것이다. 물론 어떤 행사의 일환이기는 했지만, 노구를 이끌고 그가 왔다. 그리고 《무진기행》이 영화화된 《황홀》이라는 영화를 함께 봤다. 그는 알 듯 모를 듯한 미소로 영화를 보는 내내 메모를 하기도 하고 회상에 잠기기도 하였다.

스무 살 때였다. 나는 대학 입시에 실패하고 무애암이라는 암자에 들어가 소일하며 지냈다. 온종일 할 일이라곤, 활자로 된 책을 암자 골방 안에서 뒹굴며 읽는 게 다였다. 그것도 성에 안차면 계곡에 올라가 맑은 물소리를 들으며 조용필 노래를 읊조리거나 억새를 뜯어 혼자 칼싸움을 하곤 했다. 그렇게 심심하던차에 생각 없이 읽었던 것이 아마도 《무진기행》이었다. 그때는 뭐 그러려니 했

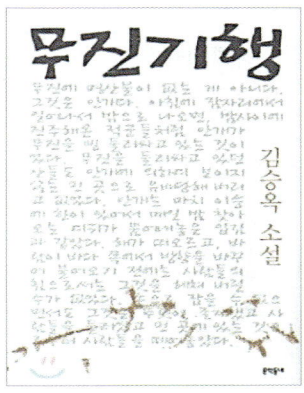

다. 그냥 소설이었으니까. 이후 나는 시를 쓰다가 소설을 끼적이다가 사진작가가 되고 말았다.

사진작가가 된 후, 순천만 언저리에 작업실을 하나 얻었다. 한때는 번창했던 곳, 이제는 후미져 언뜻 관심을 두지 않으면 지나치고 말 곳에 문 닫은 우체국이 있었다. 우체국은 아담하고 조용했다. 작업실 앞쪽으로는 순천만으로 흐르는 이사천이 있어 민물과 갯물이 만나는 지점까지 산책을 하곤 했는데 그 산책길 이름이 웃기게도 '무진길'이었다. '무진'이라…. 기형도의 시 〈안개〉에 익숙해있던 나는 무진을 곱씹어 보았다. 그리고 다시 《무진기행》을 꺼내 읽어 보았다.

"무진에서의 나는 항상 처박혀 있는 상태였었다. 더러운 옷차림과 누우런 얼굴로 나는 항상 골방 안에서 뒹굴었다. 내가 깨어 있을 때는 수없이 많은 시간의 대열이 멍하니 서 있는 나를 비웃으며 흘러가고 있었고, 내가 잠들

어 있을 때는 긴긴 악몽들이 거꾸러져 있는 나에게 혹독한 채찍질을 하였었다."의 문장. 갑자기 나의 고정 관점들이 균열되면서 패배의식에 젖었던 내 스무 살 적 시간으로 나는 돌아가 있었다.

"버스가 산모퉁이를 돌아갈 때" 그가 "무진 Mujin 10km"라는 이정비를 보았던 것처럼 안개에 쌓인 무진에 나는 첫 발을 내려놓게 되었다.

김승옥은 일본 오사카에서 출생했다. 그의 아버지는 동경 유학생이었고, 그의 어머니는 한의사의 딸이었다. 일본이 패망하면서 종전이 되자 피난해 왔던 순천에 그대로 눌러살게 되었다. 그러나 그는 여순사건 때 아버지를 잃게 된다. 초등학교를 들어가기 전까지 그는 일본말밖에 할 수 없었기 때문에 또래들하고 어울리지도 못해 책만 읽는 독서광이 되었다. 이광수에서부터 손창섭, 장용학까지 그리고 세계문학 전집류. 고등학교 때는 현대문학과 사상계를 정기구독했다. 번역 투일망정 세상의 모든 지식과 교양을 한글로 섭취한 4·19 세대로 그는 다시 태어났다. 그는 소설가가 되리라고 한 번도 생각해보지 못했지만, 소설가가 되었다. 카뮈와 릴케를 통해 문학이란 것이 심상치 않은 것이란 것을 알게되고, 모파상을 통해 소설 기법을 배우게 된다. 그는 4·19를 통해 세상의 혼돈을 보았고 어떤 질서를 찾고 싶었다고 말한다. 그 질서는 전체주의적인 정치 지도자가 강요하는 질서가 아니라 지성적인 문학이 질문의 형식으로 던져주는 질서 말이다. 그리고 그는 소설을 썼다. 김현, 김치수, 최하림과 함께 '산문시대'라는 동인을 구성하고, 《무진기행》, 《차나 한잔》, 《건》, 《서울 1964년 겨울》 같은 문학사에 기록할만한 주옥같은 작품들을 발표했다. 그는 이십대 초반의 나이에 문학사적인 작가가 되었고, 이미 문학을 꿈꾸는 청년들의 교과서가 되었다.

"한 편의 소설은 그 자체가 독립되고 완전한 개체이다. 스스로 모든 것을 말하고 있다. 그렇게 되기 위해서 작가는 밤잠도 못 자고 고심하며 소설의 형상화에 진력하는 것이다. 그렇다고 해서 소설이 완성되는 것은 아니다. 한 편의 소설이 완성되는 것은 작가가 원고의 끝에 '끝' 자를 쓰는 순간이 아니라 독자가 읽고 난 이후 독자 나름대로 그 소설이 느껴지고 해석되는 순간이다."

그러던 그가 한참 소설에 전념할 시기에 어떤 불미스러운 일로 말미암아 소설 쓰기를 놓아버리고 영화판에 뛰어든다. 그는 영화를 시작했고, 유명해졌고 많은 돈을 벌게 되었다. 《무진기행》을 각색하여 영화로 만들고 김동인의 《감자》를 감독하기도 했다. 그러나 그는 충무로에서 인생을 탕진한 것 같다고 말한다. 박정희, 전두환 독재자들보다 출판, 영화제작자들이 더욱 그의 예술을 망가뜨렸으므로….

1978년의 일이다. 한 신문에 연재가 끝나 단행본으로 출간되었지만, 그는 출판사 측에 절판을 요구하며 출판을 중단시켜 버렸다. 안이한 태도로 써낸 소설 한 편이 다작을 스스로 경계하면서까지 소설이 천박한 한 토막의 이야기여서는 안 된다고 고집하던 그의 신념을 송두리째 훼손시켜버린듯하여 그 역겨움을 견딜 수 없었기 때문이었다. 또 1980년 《먼지의 방》은 동아일보에 연재를 시작했으나 광주항쟁의 충격으로 펜을 잡고 있을 수가 없어서 시작하자마자 중단해버렸다. 그뿐인가. 그를 퍽 안타깝게 여긴 《문학사상》이어

령 주간이 당시로서는 최고급 호텔에 방을 잡아 놓고 소설 집필 기회를 주었는데 그 호의에 견디지 못해 탈출했는가 하면, 《서울의 달빛 0장》의 탄생 또한 원래 장편의 프롤로그 150장이 단편으로 바뀌게 되었다. 그때도 호텔을 잡아놓고 감시하며 소설을 쓰게 했는데, 소설 1장을 못 넘기고 서문에 머물렀으나 완성도가 높아 단편으로 출간하면서 원 제목이었던 《서울의 달빛》에 0장을 붙여 나오게 되었다. 그때 그는 1970년대의 비극적인 붕괴, 월남전 파병, 유신체제 발동, 경제성장으로 인한 급격한 거대 도시화 등으로 전통 규범이 와르르 무너져 내리는 도덕적 참상을 견딜 수 없어 광포한 문체를 사용해 소설을 썼다. 이후 그는 어쨌거나 소설쓰기란 마치 외과의사가 칼로 사람의 피부를 찢어 벌리고 뜨뜻한 내장을 손으로 주물럭거리는 것과 마찬가지로 범상한 작업은 아니란 것을 깨달았다 한다.

그리고 마침내 그는 하나님을 만나게 된다. 소설 쓰기 또한 신성한 것이고 구원의 시간이기도 하나, 하나님에 의해 영안(靈眼)이 열리고, 하나님의 크고 하얀 손을 보게 되고, 그 손에 의해서 어루만짐을 받게 되고, 극치의 구원이 그에게 임하게 된 것이다. 급기야 예수 그리스도의 발현을 체험하면서 광주항쟁 이상의 충격을 받으며 오직 성경과 그 주석서를 읽고 기도하며 그의 세계관과 인생관을 교정하면서 지내게 되었다. 그리고 그리스도의 명령으로 인도에 전도를 하러 가게 되고, 그 소명의식으로 그것에 관련되지 않은 일들은 일상생활에서 배제되었다. 그러면서 오랜 시간이 지난 후, 종교적인 저술

을 할 생각을 갖게 되었다. 이를테면 《죄와 벌》이나 《부활》 같은 것. 기본적으로 소설은 질문의 형식이라 말한다. 시간이 흐르고 나서도 남을 자신의 일을 생각해 보니 그게 소설 쓰는 일 같다 한다. 소설은 시간이 흘러도 소설로 남게 되니까.

"갑자기 떠나게 되었습니다. 찾아가서 말로써 오늘 제가 먼저 가는 것을 알리고 싶었습니다만 대화란 항상 의외의 방향으로 나가버리기를 좋아하기 때문에 이렇게 글로써 알리는 것입니다. 간단히 쓰겠습니다. 사랑하고 있습니다. 왜냐하면 당신은 저 자신이기 때문에 적어도 제가 어렴풋이나마 사랑하고 있는 옛날의 저의 모습이기 때문입니다. 저는 옛날의 저를 오늘의 저로 끌어다 놓기 위하여 갖은 노력을 다하였듯이 당신을 햇볕 속으로 끌어 놓기 위하여 있는 힘을 다할 작정입니다. 저를 믿어주십시오. 그리고 서울에서 준비가 되는 대로 소식 드리면 당신은 무진을 떠나서 제게 와주십시오. 우리는 아마 행복할 수 있을 것입니다." 라고 쓴 편지는 찢어버렸다.

'당신은 무진을 떠나고 있습니다. 안녕히 가십시오.' 덜컹거리는 버스에 앉아 어디에선가 하얀 팻말이 보였다.

그는 '60년대 작가'란 별명으로 문학사에 이름을 남겼다. 그러나 그의 소설은 21세기에도 빛나는 별이 되었다.

> 김승옥문학상 제정 : 김승옥문학상은 단편소설이 도달할 수 있는 최고의 경지를 개척해 한국문학의 새 지평을 열었다는 평가를 받는 소설가 김승옥의 문학정신을 계승하기 위해 그의 등단 50주년을 기려 KBS가 2013년 처음 제정한 상이다. 첫 수상자로 소설가 이기호 씨가 선정되었다.

02
여수를
만나다

오동도

동백꽃의 여수, 그리고 오동도. 여수의 오동도를 빼놓고는 동백을 이야기할 수는 없다. 섬 전체를 이루고 있는 3,000여 그루의 동백나무에서는 1월부터 꽃이 피기 시작하고 3월이면 만개한다. 오동도는 여수 중심가에서 약 10분 거리에 위치해 있으며, 오동도까지는 주차장에서 약 15분 정도, 방파제 길을 따라 걸어가면 도착한다. 이 길은 한국의 아름다운 길 100선에 선정된 바 있을 만큼 운치가 있으며, 한려해상국립공원에 속해 있기도 하다.

오동도는 768m의 방파제로 육지와 연결되어 있다. 방파제 입구에서 동백열차를 타거나 걸어서 섬으로 들어갈 수 있다. 섬에 들어서면 방파제 끝에서 중앙광장으로 연결된 큰길 옆으로 오동도 정상으로 오르는 산책로가 나 있다. 오동도 안에 있는 테마공원에는 25m의 높이를 자랑하는 등대와 음악 분수공원, 맨발공원이 있다. 1952년 처음으로 불빛을 밝힌 오동 등대는 여수항과 광양항을 드나드는 선박의 길잡이 역할은 물론 해마다 수많은 관광객이 찾아 지역의 대표적인 명소로 자리 잡고 있다.

향일암

　남도에서 가장 유명한 해맞이 장소인 향일암. 꼭 새해가 아니더라도 이곳을 찾는 사람들은 많다. 아름다운 한려수도의 경관이 한눈에 보이는 향일암에서 일출과 일몰을 보고 있으면 어떤 언어로 표현해야 할지 모를 정도로 환상적이다. 일상에서 권태로움을 느끼거나 무언가 일이 잘 풀리지 않을 때 여수 향일암을 찾는 것도 좋을 듯하다.

　우리나라 4대 관음기도 도량인 향일암. 신라의 원효대사가 선덕여왕 때 원통암이란 이름으로 창건한 암자다. 고려 시대에는 윤필대사가 금오암으로 개칭하여 불리어 오다가, 남해의 수평선에서 솟아오르는 해돋이 광경이 아름다워 조선 숙종 41년(1715) 인묵대사가 향일암이라 명명하여 오늘에 이르고 있다.

12월 31일에서 1월 1일까지 향일암 일출제가 열리고 있어 이곳 일출 광경을 보기 위해 찾는 관광객들로 북새통을 이룬다. 향일암에는 7개의 바위동굴 혹은 바위틈이 있는데 그곳을 모두 통과하면 소원 한 가지는 반드시 이뤄진다는 전설이 있다. 소원을 빌기 위해 대웅전과 용왕전 사이에 약수터 옆 바위와 관음전 뒤편 큰 바위에 동전을 붙이거나 조그만 거북 모양 조각의 등이나 머리에 동전을 올려놓기도 한다.

■ 등산 코스

① 향일암 입구 20m 전방 오른쪽에 금오산 등반로 입구 표시를 따라 금오산 정상을 오를 수 있다. 정상까지 느린 걸음으로도 30여 분이면 정상에 도착할 수 있다.
② 죽포에서 향일암으로 올라가는 4시간 정도의 코스도 있다.

진남관

우리나라에서는 단일 목조 건물 중 제일 큰 크기의 진남관. 국보 304호인 진남관은 현재까지 전해져 오는 전라좌수영 성의 유일한 건축물이다. 임진왜란이 끝난 다음 해인 1599년 이충무공의 후임 통제사 겸 전라좌수사 이시언이 정유재란으로 불타버린 진해루 터에 세운 75칸의 대규모 객사이다. 남쪽을 진무하다는 의미에서 '진남관(鎭南館)'이라고 하였는데, 《난중일기》에는 진해루 터에서 공무를 보았다 하고, 이후 1664년 절도사 이도빈이 크고 작은 수리를 하였으나, 1716년 절도사 이여옥 때 대화재로 소실된 것을 1718년 이제면 수사가 다시 중창한 것이 오늘날까지 이르는 건물의 뼈대이다. 순종 5년(1911) 여수보통공립학교를 시작으로 일제강점기에는 여수중학교와 야간 상업 중학교로 사용되기도 했다.

돌산대교, 자산공원

여수의 아름다움은 환상적인 밤의 야경에서도 찾을 수 있다. 미항 여수는 낮보다 더 아름다운 화려한 밤 풍경에 넋을 놓게 한다. 여수 야경의 백미는 돌산대교이다. 시내와 돌산도를 잇는 길은 450m의 사장교이다. 돌산대교는 여수시 봉산동과 여수시 돌산읍 우두리 사이에 놓여진 연륙교이다. 길이 450m의 미국 트랜스 아시아사(社)와 한국 종합개발공사가 설계하고, 대림산업과 삼성중공업이 시공을 맡아 1980년 12월에 착공하여 1984년 12월에 완공되었다.

국내 최대 규모의 사장교로 주변의 아름다운 해상 풍경, 특히 대교에서 바라보는 여수항의 야경은 환상적이라 할 수 있다. 대교 초입에는 팔각정으로 꾸며져 있는 전망대가 있어 그림처럼 아름다운 여수항을 내려다볼 수 있다. 돌산대교를 건너면 다리 바로 아래 횟집 촌과 유람선 선착장이 있는데, 그곳에는 예전 모습을 그대로 재현한 거북선 모형과 오동도로 향하는 유람선, 돌산 섬의 끝쪽에 있는 향일암을 돌아오는 관광유람선이 관광객들을 기다리고 있다

이순신 광장 (구종포 해양공원)

　이순신 광장, 구종포 해양공원은 여수시 종화동 인근 구항이 공원으로 조성된 것으로, 지난 2001년부터 5년여간의 방파제, 방파호안, 매립지 등의 공사를 마친 끝에 여수시민의 시민 공원으로 탈바꿈하게 되었다. 평범한 공원이라기보다는 해안을 따라 1.5km 정도 시원한 바닷바람을 맞으며 걸을 수 있는 산책로가 있고, 공연장과 놀이터, 농구장 등을 갖추고 있는 온 가족을 위한 공원으로 여수 시민들과 관광객들이 아름다운 여수 앞바다를 편안하게 볼 수 있는 휴식의 공간임은 물론, 각종 해양 관련 행사와 공연이 끊임없이 열리고 있어 볼거리가 많은 공원이기도 하다. 특히 돌산대교와 장군도 등을 조망권 내에 두고 있어, 공원 산책길을 따라 걷다가 야자수 아래 벤치나 돌의자에 앉아 넘실대는 푸른 바다와 파란 하늘의 조화로운 풍경을 감상하기에 더없이 좋은 곳이다. 바다 수위가 높은 시간 때는 공원 앞까지 바닷물이 차기 때문에 바다와 공원의 조화도 아주 잘 이루어져 멋진 풍경을 자아낸다. 또한, 이곳은 도심에 위치하고 있어 낚시꾼들의 사랑을 듬뿍 받고 있다. 워낙 많은 낚시꾼이 몰리는 바람에 이

른 아침부터 서둘러야 낚시하기에 좋은 자리를 잡을 수 있다고 한다. 여름밤 야간에는 은빛 갈치를 낚을 수도 있고, 썰물 때는 막바지 산란을 위해 방파제 가까이 떠오르는 낙지를 뜰채만으로 잡아 보는 재미를 느낄 수도 있다. 2010년 4월 진남관 앞쪽에 개장한 이순신광장과 종포해양공원이 합쳐져 지금의 이순신광장이 되었다. 지금 당신이 낚싯대를 준비해서 이곳을 찾는다면 싱싱한 물고기는 물론 여수의 아름다운 야경도 낚을 수 있다. 돌산 1, 2대교를 한눈에 볼 수 있는 것은 덤이다.

선소

　여수 선소 유적은 예로부터 '선소마을'로 불리었는데, 배를 만드는 조선소가 있었던 유적이다. 선소마을에는 고려 시대부터 조선소가 있었으며, 조선 성종 때의 고지도에는 '선소'로도 기록되었다. 임진왜란 때에 삼도수군 통제영이 설치되면서 이곳이 전라좌수영(여수)에 속하게 되었고, 또 이순신 장군의 《난중일기》에 의하면 거북선 제작과도 밀접한 관련이 있었던 곳으로 추정된다. 이순신 장군이 뛰어난 조선 기술을 지닌 나대용 장군과 함께 거북선을 만든 곳으로 알려져 있으며, 거북선은 여수 지역에 있던 본영 선소, 순천부 선소 및 방답진 선소 세 곳에서 건조된 것으로 추정하고 있다. 《난중일기》 (1592년)에 의하면 순천부 선소는 임진왜란 전에 생겨 임진왜란 중 전라좌수영 관하 순천부의 수군 기지로 사용되었음이 확실하나 만들어진 연대는 확인할 수 없다. 유적으로는 배를 정박시켰던 굴강을 비롯하여 무기 제작 처로 추정되는 대장간(풀뭇간), 세검정, 군기창고 등의 터가 남아 있고, 마을 입구에는 벅수가 세워져 있다. 병사들의 훈련장과 적의 동태를 감시할 수 있는 천연적인 요새인 망마산이 주변에 있다.

여수 국가산업단지

　야경이 멋진 곳으로 점점 입소문이 나기 시작하는 여수 국가산업단지. 돌산대교의 멋진 야경도 있지만, 도시를 화려하게 수놓는 여수 산업단지가 요즘 핫 플레이스로 떠오르고 있다. 1967년 2월 여천군 삼일읍 지역에 공업단지 터를 닦기 시작해 1969년 6월 GS칼텍스의 전신인 호남정유 공장을 시작으로 조성된 여수 국가산업단지가 바로 그곳이다. 여수시 중흥동, 평여동, 월하동, 적량동, 월래동, 낙포동 일대에 세워진 공업단지를 건설부 고시 제29호에 따라 1974년 4월 산업단지로 지정하였다. 이곳은 정유, 비료, 석유화학 계열 120여 개 업체가 입주한 종합석유화학공업기지로서 여수의 꺼지지 않는 심장으로 불린다. LG화학 남문 입구에 전망대와 보행데크 등 여수 국가산업단지 야경 뷰포인트가 설치되어 있으며 전망대에서 여수 국가산업단

지를 바라보면 공장의 불빛이 하얀 수증기와 어우러져 한 폭의 그림 같은 야경을 한눈에 볼 수 있다. 여수 국가산업단지는 형형색색의 야경이 아름다운 곳으로 정평이 나 있다. 그래서 처음으로 국내외 관광 상품으로 개발되었다. 단순하게 공장의 시설물 안전과 조업을 위해 켜 둔 불빛이 관광자원으로 활용되는 것이다. 여수 산업단지에 가면, 여수만이 가진 특별한 야경을 감상할 수 있다.

홍국사

　영취산 안에 자리한 홍국사는 그 이름에서 알 수 있듯이 나라의 융성을 기원하기 위해 건립된 사찰이다. '이 절이 흥하면 나라가 흥하고, 이 절이 망하면 나라가 망한다.'라는 간절한 염원을 담아 절의 이름을 지었다고 한다. 여수 국가산업단지 가까이에 위치한 영취산의 깊은 숲 속에 보조국사가 1195년(고려 명종 25년)에 창건한 홍국사 안에는 대웅전을 비롯하여 원통전, 팔상전 등 문화재가 많이 있다. 대웅전 축대의 여기저기에 거북과 용, 그리고 꽃게 모양을 곁들인 대웅전은 흔히 '반야수용선'이라 불린다. 이는 고통의 연속인 중생

을 고통이 없는 세계로 건너게 해주는 도구가 배이며, 이 배는 용이 지키고 있기 때문에 바로 용선이라는 것이다. 이런 점에서 대웅전 앞뜰에 있는 석등도 역시 거북 모양으로 장식되어 있다. 흥국사 대웅전(보물 제369호)은 빗살문을 달아 전부 개방할 수 있도록 한 것이 특징이다. 흥국사의 대웅전 후불탱화는 보물 제578호로 지정되어 있고, 흥국사의 입구에 있는 붉은 흙을 깐 홍교의 수려한 모습은 보물의 가치를 유감없이 표현하고 있다.

 흥국사는 임진왜란 때 우리나라에서는 유일하게 수군 승병이 있었던 곳이다. 이때 흥국사 안에서 승병 수군 300여 명이 훈련을 했던 곳으로도 유명하다.

 진달래가 피는 계절, 흥국사에 들어서는 순간 진달래가 흐드러지게 핀 아름다운 풍경을 볼 수 있을 것이다. 봄이 온 것.

여자만

    여수에 속해 있는 여자만은, 그 이름만큼이나 자연경관도 아름답기로 유명하다. 해마다 많은 예술가들이 여자만을 찾아와, 영감을 얻기도 하고 좋은 사진작품을 남기기도 한다. 여자만의 '만'과 순천만의 '만'은 만(灣)이 위치한 북쪽 지역이 순천 지역이어서 순천만이라고 부르며, 여수 지역에서는 이 만의 중앙에 위치한 선 명칭이 여자도에서 유래 된 것으로 추정되어 여자만으로 부른다.

여자만 해역은 우리나라에서 갯벌의 상태가 가장 좋은 2등급 판정을 받았으며, 여자만 지역의 갯벌이 가진 생물종 다양성과 생태적 가치가 국가적 자연 자산으로서 충분한 가치가 있다고 인정되어 2003년 12월 26일 해양수산부(현재 국토해양부)로부터 연안습지 보호구역으로 지정되었다.

 여자만의 갯벌은 약 2,640만㎡의 광활한 지역으로 전혀 훼손되지 아니한 자연 상태 갯벌에 다양한 생물상이 군집하여 살아가고 있으며 국제적으로 보호하고 있는 희귀 철새 도래지이다. 또한, 갯벌에 펼쳐진 약 99만㎡의 갈대숲은 수산 생물의 서식지인 동시에 습지 생태계 유지의 핵심이며, 자연경관이 뛰어난 곳이다.

여수 해수욕장

모사금해수욕장
만성리해수욕장
웅천해변공원
무슬목해수욕장
방죽포해수욕장
금오도 직포해수욕장

● 만성리 해수욕장

검은 모래는 검은빛을 띠고 있는데다, 알갱이가 일반 모래보다 4~5배 가량 굵어 햇볕 전도율이 높다 한다. 이 때문에 매년 여름철이면 여행객들의 '모래 찜질'이 시작된다. 검은 모래찜질은 신경통과 관절염, 부인병, 피부병 등에 효험이 있다 알려진다. 만성리에서는 해안선을 따라 환상의 레일바이크를 즐길 수도 있다.

● 모사금 해수욕장은 고운 모래

아이들이 놀기에 좋은 수심과 잔잔한 파도 그리고 깨끗한 물이 장점이다. 모사금이란 말은 모래의 지방 말인 '모살'과 해안이란 뜻의 '기미'가 합쳐져서 '모래 해안 = 모사금'이라고 한다. 한쪽에는 갯돌밭이 형성돼 있어 갯돌과 모래밭을 동시에 즐길 수 있으며, 오천에서 소치 간 해안도로를 따라 해변 드라이브를 하기에도 좋은 곳이다.

● 무슬목 해수욕장

무슬목은 근래 사진을 좋아하는 사람들이 많이 찾는 장소로도 유명하다. 몽돌과 해무의 환상적인 조합으로 아름다운 사진을 건질 수 있기 때문이다. 그러나 이곳은 이순신 장군이 왜군을 섬멸한 해가 무술년(戊戌年)이어서 전적을 기리고자 무술목이라 부르게 되었다는 설이 있다. 바로 앞에는 해양수산관이 있는데 다양한 해조류와 어류를 관찰할 수 있다.

● 방죽포 해수욕장

파도가 세지 않아 아늑한 느낌을 주며, 백사장에는 금빛의 고운 모래들이 넓게 깔려있는 방죽포해수욕장은 200여 년생 해송

150여 그루가 울창한 숲을 이루고 있다. 또한, 해수욕장 주변은 바다낚시의 포인트로 잘 알려져 있는 곳으로 장어, 돔, 노래미 등을 낚을 수 있다.

● **금오도 해수욕장**

● **웅천 해수욕장**

웅천해수욕장은 웅천해양공원에 있는 인공해수욕장이다. 부산의 해운대를 모티브로 만들었다고 한다. 주변에는 캠핑장이 있어 캠핑과 해수욕을 즐기려는 사람들로 늘 북적인다. 그리고 바로 위쪽에 예울마루가 있어 공연이나 전시등을 관람하기에도 좋다. 여름이 올 때마다 새 모래를 깔아 놓아서 부드럽고 깨끗해서 아이들이 놀이엔 최고다.

여수 금오도에는 안도해수욕장, 직포해수욕장 등 크고 작은 해수욕장이 산재해 있다. 안도 백금포해수욕장은 한반도를 닮은 곳으로도 유명한 안도에 있으며, '아빠 어디가' 촬영지기도 하다. 직포해수욕장은 금오도 비렁길에 위치한 해수욕장으로 직포 마을에 있다. 먼저 비렁길을 둘러본 후 해수욕을 하는 것이 좋은데, 해수욕장은 크지 않으며 고운 자갈밭과 모래사장으로 이루어져 있다.

이색 여수, 있는 그대로의 여수와 만나기

오동도, 돌산도, 향일암, 갓김치, 게장, 아구찜…. 여수 사람들이 아닌 외부의 여행객들이 여수를 생각할 때 오래지 않아 금새 떠올리는 단어들이다. 여수를 그야말로 풍광 아름답고 즐길 거리 풍성한 대표적인 관광 도시로 인식하고 있다는 뜻이리라. 그러나 여행의 고수도 아차 놓치고 지나가기 십상인 것들이 있다. 여수에서 터를 닦고 살아가는 사람들의 평범하고 소박하지만 재미나게 살아가는 모습들이 담겨 있는 살가운 풍경들. 사시사철 바다가 바라다보이는 언덕배기 마을, 해안을 따라 이어지는 크고 작은 규모의 수산물 가공 공장들. 오밀조밀 오롯이 들어찬 포구의 옛 정취들. 언뜻 무미건조하게 느껴질지 모르는 소도시지만, 잘 살펴보면 하나하나 개성이 살아 있는 건물들과 조금은 억센 말투들. 잘 알려진 관광지에서 살짝 눈을 돌리면 흥미롭고도 이색적인 광경들을 목도할 수 있다.

향일암에서의 일출, 다양한 축제에서의 흥겨운 한때, 돌산도에서 갓김치 쇼핑, 물론 어느 쪽도 빠지지 않게 여수를 즐길 수 있는 곳들이다. 그렇지만 당신의 여행 일정에 여유가 있다거나, 남들 다 가보는 명소들은 마스터했다고 자부하며 신선한 자극을 원한다면, 숨겨진 골목들과 인적 드문 낯선 장소들 사이사이로 발걸음을 옮겨 보는 것도 가치 있는 선택이 될 것이다.

바다가 바라다보이는 마을들

조금 높다란 언덕에 올라 바다를, 여수 시내를 바라다보면, 구릉과 낮은 산자락들 밑으로 옹기종기 모여 앉은 집들이 먼저 시선을 끈다. 날씨가 좋은 날, 파란 하늘 아래로 햇빛에 반짝이는 집들과 담벼락, 지붕들을 감상하는 것은 무척 기분 좋은 경험이다. 종고산 자락, 중앙여고로부터 시작되는 동산동 언덕을 먼저 소개하고 싶다. 이곳에서는 동네 어디에서나 바다가 내려다보인다. 골목을 걷다가 골목들 틈새 사이로 보이는 바다와 마주칠 때마다 "아! 참 예쁘다."하며 작은 탄성을 질러댈 수밖에 없다. 주민들의 이야기에 따르면 이곳은 한 때 돈자랑이 무색했던 참 잘사는 동네였다고 한다. 끝내주는 전망과 한낮에 볕을 고스란히 받는 자연적 조건, 여전히 동네 전체에서 느껴지는 아늑함 등을 생각하면 꽤 그럴 법하게 느껴진다.

하지만 그게 전부는 아니다. 처음 이 마을을 주목하게 된 것은, 여수역에서부터 어렴풋이 보이는 둥글고 흰 이상한 건축물 때문이기도하다. 악기를 형상화한 것 같기도 하고 뱃고동을 닮은 것 같기도 한 그 건물은 여수의 한 교회였는데, 가까이 다가갈수록 보는 사람을 웃음 짓게 한다. 타일조각만 덧붙였다면 가우디 건축(?)으로 오해할 수도 있으리라. 교회는 고래 형상으로 지어졌다. 따뜻한 봄날 바다가 바라다보이는 언덕마을 꼭대기에, 느긋하게 누워 햇빛을 쬐며 하얗게 빛나는 '고래교회'는 이 마을의 푸근한 인상을 자아낸다. 낡았지만 깨끗하게 밝은색으로 칠해진 집들과 골목들, 담장 사이로 빼꼼히 고개만 내밀고 바다를 바라보며 수다에 여념이 없으신 어르신들, 골목과 골목 사이를 신나게 뛰어다니며 몰려다니는 아이들, 모두가 정겹다. 예쁜 개나리색으로 칠한 집들도 있고, 하늘 무늬를 연출한 담벼락에서부터 언젠가 유행하던 스프라이프 무늬 남방 같은 대문까지, 마치 각자 구역을 맡아서 칠하기로 약속이라도 한 양 집집마다 색과 표현이 다르다.

종고산 정상 근처에 위치한 중앙여고 앞길은 서울 여의도 윤중로나 진해

벚꽃 못지않게 유명하다. 봄마다 화려한 색채로 바뀌는 벚꽃길은 이미 봄나들이 장소로 알려져 있다.

종고산 앞길을 따라 진남관 뒷담길로 내려오다 보면 큰길가에 가까워지면서 옛날식 간판들이 즐비한 점포가 이어져 있다. 간판에는 지나간 시대의 느낌을 물씬 풍기는 '미미스넥'과 '알로에 분식튀김', '청경탕' 앞을 지나가면 전형적인 옛날식 목욕탕 냄새가 진동하고, 목욕탕 바로 옆에는 '목포홍탁'이 있다. 홍탁집을 마주하고 있는 집은 '반창회 분식'이다. 자칭 컵라면 전문점이라고…. 갑자기 죽집 창문에 써 있는 녹두죽, 녹두쌀죽, 녹두새알죽의 차이점이 궁금해진다. '장콩죽우무'는 또 뭘까? '은빛', '물레방' 간판에서 흘러나오는 포스만으로도 업종을 짐작케하는 가게들…. 마치 타임머신을 타고 온 기분이다.

여수의 중심인 중앙동은 미니어처 같아 보인다. 유명 브랜드 프랜차이즈 상점에서부터 패스트푸드점에 이르기까지 서울 명동처럼 도시의 어느 번화가에 있을 것 같은 것들이 다 모여 있다. 다만, 건물과 점포의 스케일, 길의 너비가 묘하게 작아서 《걸리버 여행기》의 소국까지는 아니더라도 일상적인 배율 감각이 왜곡되는 것처럼 느껴진다. 대로를 가게들이 개별적으로 아무렇게나 점유해서 사용하는 풍경도 인상적이다.

해안도로를 따라서
여수 해안도로(하멜등대~여객터미널~국등항구~바지락양식장~소호동)

하멜등대가 서 있는 이순신광장은 동시에 항구이기도하다. 오동도로 건너가는 다리와 배들이 보인다. 그 위로는 돌산2대교가 지나간다. 주민들이 자전거를 타거나 산책을 하고, 낚싯대를 드리우기도 한다. 해안공원으로부터 중앙동을 향해 걷다 보면 도로의 양 옆으로 알록달록 길쭉한 건물들이 늘어서 있  다. 네덜란드 암스테르담에 홀쭉한 집들이 많은 까닭은 정부 당국이 건물 정

면의 폭에 따라 세금을 부과했던 배경 때문이라는데, 여기는 어떤 이유인지 건물들이 비슷한 너비와 높이로 홀쭉하게 생겼다. 거기에 각자 개성 있는 색들을 칠해 놓아 꽤 이국적인 느낌이다.

해안을 따라서 조금 더 가면 여수 수산물 도매시장과 여객터미널이 있다. 수산물 도매시장에는 언제나 사람들이 북적거려서 구경하는 것만으로도 즐겁다. 식당도 마련되어 있어 언제나 신선한 회도 즐길 수 있다. 여객터미널은 여수에 있는 수많은 섬으로 배들이 떠나는 곳이다. 근처에는 건어물 도매상들이 있어서 생선을 그물에 늘어놓는 모습도 흔히 볼 수 있다.

돌산대교 근처에는 숨겨진 아름다운 두 동네가 있다. 한 곳은 여객터미널을 향한 방향에서 들어갈 수 있는 작은 샛길로, 아담한 집 몇 채와 조선 중이거나 수리 중인 작은 배 몇 척이 전부지만, 그곳에서 바라보는 풍경은 조금 특별하다. 이곳은 낚시터나 관광지라기보다는 어부나 해녀들만의 작은 동네 같아 보인다. 조금만 파도가 높게 일어도 창문에 바닷물이 들이칠 정도로 바

다와 가까운, 둑 위의 집에는 조개를 다듬는 작은 공장이 있고, 집들 앞에는 조개껍데기가 잔뜩 쌓여 있다. 모래사장 위에는 제작 중인 배가 있는데, 거대한 조선소가 아닌 그저 해안가에서 만들어지고 있는 배를 관찰하는 것도 정말 드문 경험일 것이다. 이곳은 여수시의 돌산도의 풍경을 가까이서 한눈에 볼 수 있다. 밤바다를 구경하는 것은 더할 나위 없이 좋다.

또 한 곳은 하모라고 불리는 갯장어를 파는 작은 횟집들이 옹기종기 모여 있는 골목이다. 이 골목을 지나면 탁 트인 남해바다가 펼쳐지는데 돌산대교가 바로 위로 보이는 작은 마을이다. 작고 동그란 포구를 집들이 둘러싸고 있는데 몇 척의 작은 배가 매여져 있다. 워낙 자그마한 포구를 집들이 가깝게 둘러 있어서 집 앞의 마당인 것처럼 보인다. 둑 위에서는 할머니가 빨래를 삶고 있어서 빨래 내음마저 정겹고 시골 마을의 정취가 느껴진다.

03
순천을 만나다

순천만 자연생태공원

　'순천'이라는 도시 이름을 떠올릴 때, 많은 이들의 머릿속에 가장 먼저 떠오르는 것은 당연히 순천만일 것이다. 순천만, 순천에서 제일가는 유명 인사라고 해도 과언이 아닌 순천의 자랑. 한 해 동안 전국 각지에서 순천만을 찾아오는 이들의 수만 해도 엄청나다. 순천만은 사계절의 모습이 다 다르다. 순천만 갈대밭 위로 부서지는 햇살의 깊이, 갯벌의 농도, 갯바람의 따스함. 몇 번을 다시 가도 항상 새로운 감동을 느낄 수 있다.

순천만 갈대밭의 총면적은 약 15만 평에 달한다. 갈대 군락지로는 국내 최대 규모라고 하는데, 갈대의 통통한 몸통이 햇살에 채색되는 모습이 아주 아름답다. 갈대밭에 파묻히다시피한 대대동은 선착장을 중심으로 가장 넓은 군락지를 이루며, 해룡면 상내리의 와온 마을은 드넓은 갯벌을 무대로 펼쳐지는 낙조를 감상할 수 있는 곳이다. 39.8km의 해안선에 둘러싸인 21.6km^{2}의 갯벌, 5.4km^{2}의 갈대밭 등 27km^{2}의 하구 염습지와 갯벌로 이루어진 순천만 일대에 갈대밭만 있는 것이 아니다. 가까이 다가가 보면 물억새, 쑥부쟁이 등이 곳곳마다 크고 작은 무리를 이루어 자리 잡고 있다. 그리고 하구의 갈대

밭 저편에는 불그스레한 칠면초 군락지도 들어서 있다. 또한, 이곳은 흑두루미, 재두루미, 황새, 저어새, 검은머리물떼새 등 국제적인 희귀조이거나 천연기념물로 지정된 11종이 날아드는 곳으로 전 세계 습지 가운데 희귀 조류가 가장 많은 지역으로 알려져 있다. 희귀조류 이외에도 도요새, 청둥오리, 혹부리오리, 기러기 등을 포함해 약 230종의 새들이 이곳 순천만 일대에서 월동하거나 번식한다고 한다.

순천만에는 자연생태관뿐만 아니라 순천만 천문대, 선상 투어, 자연의 소리 체험관 등 많은 시설들도 있으니 체험학습을 해보는 것도 유익할 듯하다.

순천 드라마 세트장

순천에 오면 낙안읍성의 옛 정취를 느끼고, 광활하게 펼쳐진 순천만의 자연만 볼 수 있는 것은 아니다. 볼거리, 먹을거리 많기로 유명한 순천. 순천에 들렀다면 꼭 가볼 만한 곳이 있다. 남녀노소 모두 즐길 수 있는 놀이터가 있다. 모두가 배우가 되어 세트장 안에서 상황극을 연출하고 촬영할 수 있는 순천 드라마 세트장이다. 세트장에 도착하는 순간, 빼곡하게 들어선 세트들과 시대극 드라마를 통해 보았던 익숙한 풍경들이 눈앞에 펼쳐질 것이다. 제각기 재밌는 포즈와 표정을 지으며 사진을 남기기 바쁜 사람들의 모습도 쉽게 만나 볼 수 있다. 1950년대부터 1970년대까지의 순천시 읍내를 재현한 소도읍 세트장부터 1960년대의 서민들의 고단했던 삶을 대변해 주는 서울 달동네 세트장까지 테마가 다양하다. 전파사 안엔 오래된 전축과 라디오가, 빵 가

게 안에는 단팥빵이, 녹슨 자전거 가게 앞엔 자전거가, 실감 나는 소품들이 흥미를 더해준다. 순천에선 이미 데이트 코스로도 유명한 이곳은, 가족 나들이 장소로도 제격이다. 어른과 아이는 틈 없이 들어찬 달동네의 판잣집들을 보며 서로 다른 것들을 느낀다. 낯섦과 신기함, 익숙함과 따뜻함이 공존하는 공간. 드라마 촬영을 위해 지어진 공간이지만 많은 이들에게 새로운 의미로 불리는 곳. 바로 순천 드라마 세트장이다.

낙안읍성

　잠시 뒷짐을 지고 느린 걸음으로 낙안읍성을 산책해 보자. 바람이 선선한 날이면 더할 나위 없이 좋을 것 같다. 선비가 된 듯 유유히 성곽 길을 걸으면 없던 여유도 조금은 생겨나지 않을까. 낙안읍성 백 퍼센트 즐기기 같은 팁 대신 위와 같은 방법을 추천한다. 몸을 힘들게 하기보단 여유를 느끼며 많은 것을 보고 마음에 담는 것이 여행이 아닐까. 옛것을 그대로 간직하고 있는 곳, 옛사람들이 거닐고, 숨쉬고, 생활하던 공간에 간다면 저절로 그렇게 될 것이다.

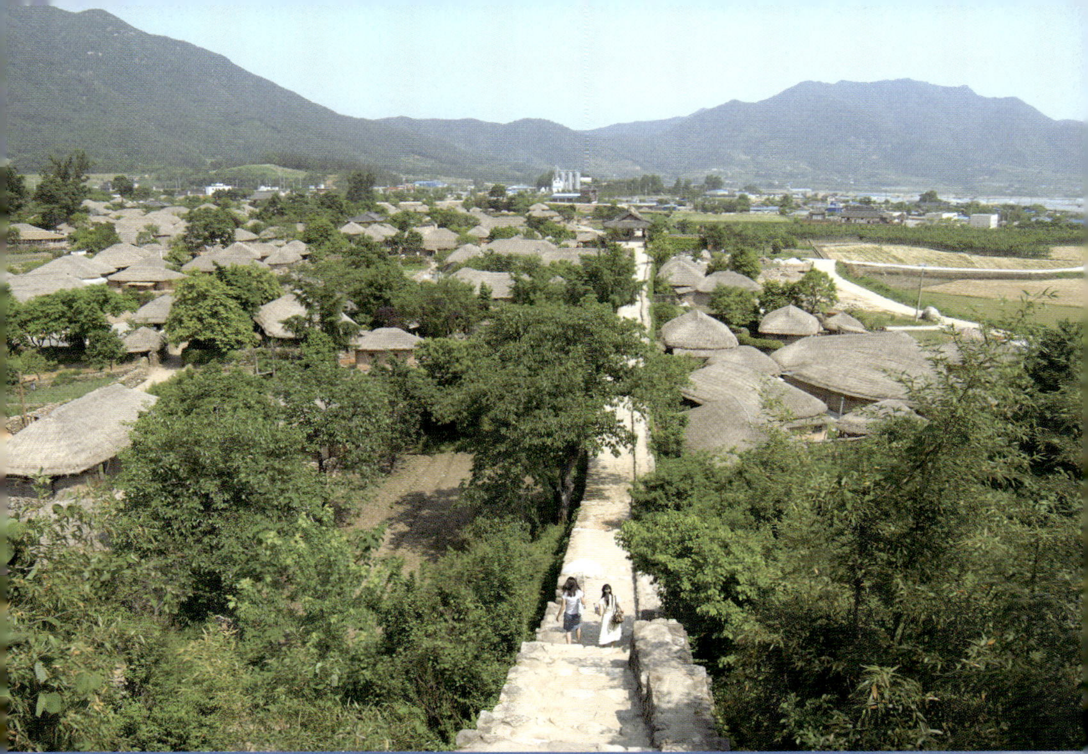

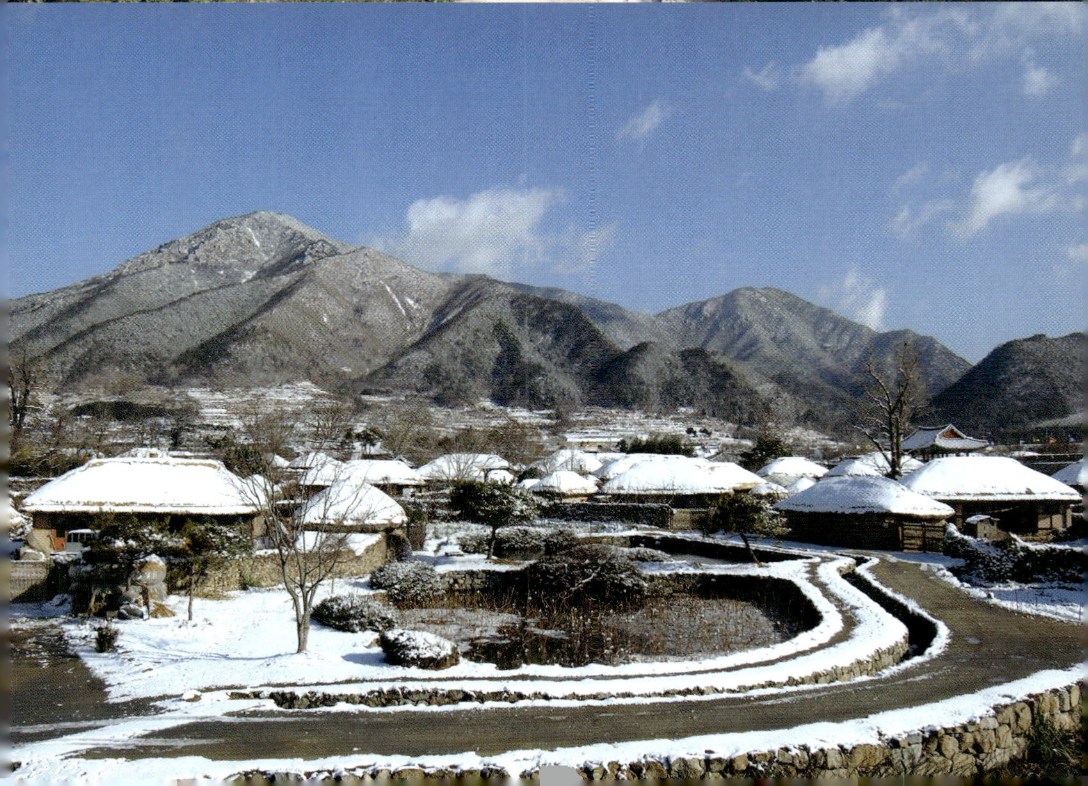

　낙안읍성은 조선 시대의 성, 동헌, 객사, 초가가 원형 그대로 보존돼 있어 성과 마을 전체가 국내 최초로 사적 제302호로 지정돼 있는 문화관광 명소이며, 현재 세계문화유산 잠정 목록 등재 및 CNN 선정 대한민국 대표 관광지 16위로 선정되었다. 우리나라의 대표적인 조선 시대 지방계획도시로서 그 원형이 가장 잘 보존되어 있는 곳이다.

　오늘날에도 낙안읍성 마을에는 주민이 직접 거주하며 농사도 짓고 방문객들을 대상으로 민박집을 운영하고 있다. 마을 곳곳에는 평민들이 살던 초가집과 툇마루, 토방, 이엉지붕, 섬돌 위 장독, 아궁이 부엌 등 우리나라 남부지방 주거양식을 고스란히 간직하고 있다. 다양한 전통 체험을 할 수 있는 낙안읍성은 단순한 관광지 관람에서 벗어나 가족 단위, 학교 체험 활동의 장으로 각광받고 있다.

야생차 체험관

전통 야생차 체험관은 조계산 선암사 가는 길목에 위치해 있다. 물소리, 바람 소리 등 자연이 내는 소리로 어우러진 아늑한 체험관에서 향기 좋은 차를 직접 만들 수 있는곳. 야생차 체험관이 그렇다. 야생차 체험관에서는 차만 만드는 것이 아니라 산방, 명상 체험도 할 수 있다. 매일 반복되는 일상에서 벗어나 휴식을 취할 수 있는 이곳을, 지금 간절히 '쉼'을 원하는 당신에게 추천한다.

야생차 체험관에서는 순천시에서 생산되는 잎차를 시음할 수 있으며, 단체 예약이 가능해 다도 체험 등 다양한 체험의 장을 제공하는 곳이다. 모

두가 직접 참여해 다도를 하고 피로를 풀 수 있다. 한옥으로 지어진 건물에서 숙박도 가능하다. 미리 예약을 하고 가지 않으면 헛걸음을 할 수도 있으니 주의해야 한다.

선암사

　사찰의 고즈넉함을 느끼며 힐링을 꿈꾼다면 당장 떠나자. 모든 것이 충족되나 결국 모든 것을 비우게 되는 곳, 순천의 대표 사찰 선암사이다. 벚꽃이 흐드러지게 피는 곳으로도 명성이 자자한 선암사는 봄에 가도 일품, 단풍 지는 가을에 가도 일품이다.

　선암사는 강원과 선원에서 많은 스님이 수행하고 있는 종합 수도 도량으로도 명성이 자자하다. 순천 조계산 자락에 위치한 선암사는 그 유구한 역사만큼이나 수많은 사연과 문화재가 있는 사찰이다. 이 사찰에 속한 보물급 문화재만 해도 승선교, 삼층석탑, 대각암 부도, 대웅전 등 총 9개나 이른다. 사찰

　풍경 사진으로 자주 접하는 커다란 무지개 모양의 보물 400호 승선교와 선암사 강선루에 이르는 숲길 양옆에는 참나무·삼나무 등 수많은 나무가 들어서 있어 사시사철 트레킹의 운치를 더해 준다. 봄의 대명사의 아름다움 극치를 나타내는 게 바로 선암사의 홍매화 '선암매'이다.

　선암사는 고혹적인 선암매가 사색의 운치를 더해 주고 이러한 봄철 못지않게 가을의 단풍 숲길 역시 운치 있는 사색을 즐기기에 손색이 없다. 선암사 경내를 조금만 벗어나 일주문으로 오르다 보면 낮은 키의 차나무가 빼곡하게 들어차 있는 차밭이 있고, 이어서 하늘을 향해 치솟아 있는 아름드리 삼나무 숲이 나오는데 이는 인근에 조성된 야생화 단지와 함께 선암사의 명상 산책로다.

송광사

　불교에서는 '부처님[佛]·가르침[法]·승가[僧]'를 불교를 받치는 세 요소라 해 세 가지 보배 '삼보'라 하고 각각의 요소를 대표하는 사찰을 삼보 사찰이라고 한다. 즉, 우리나라 삼보 사찰은 경남 양산의 통도사, 경남 합천의 해인사, 전남 순천의 송광사를 일컫는다.

　부처님의 진신사리가 모셔져 있는 통도사는 불보사찰, 부처님의 가르침인 팔만대장경 경판이 모셔져 있는 해인사는 법보사찰, 그리고 한국 불교의 승맥을 잇고 있는 송광사는 승보사찰이라고 한다.

　송광사에는 희귀 불교 문화재가 많은데 대표적으로 목조삼존불감(국보 제42호), 고려고종제서(국보 제43호) 등의 국보 3점, 보물 10점 등 총 6,000여 불교 문화재를 보유하고 있다. 송광사에는 우리나라 대표 불교박물관으로

1997년에 문을 연 '성보박물관'이 있다. 그리고 송광사의 3대 명물로는 불가에서 법당에 부처님에 공양을 올릴 때 사용하던 용기인 '능견난사', 송광사 부속암자인 천자암에 있는 천연기념물 제88호로 지정돼 있는 곱향나무 두 그루 '쌍향수' 그리고 사찰에서 국재(國齋)를 모실 때 사찰로 몰려든 대중에게 나눠주려고 밥을 저장했던 목조 용기인 '비사리 구시' 등이 있다.

금둔사

　자연과 함께 거니는 돌담길. 긴 여행을 끝내고 돌아온 봄이 가장 먼저 인사를 건네는 곳, 순천의 금둔사를 소개한다.

　금둔사에는 보물 제946호 금둔사지석불비상의 비문 기록, 그리고 보물 제945호 금둔사지 삼층석탑이 잠들어 있는 곳이다. 원래 금둔사는 창건 연대가 통일신라 시대로 추정되어 오다가 최근 순천대학교 박물관에 의해 9세기경에 창건된 사찰임이 밝혀졌다.

금둔사에 피는 매화는 봄이 빨리 찾아오는 남도에서도 가장 발 빠르게 봄소식을 알리는 기특한 꽃이다. 이 매화는 토종 매화로 이른바 '납월매'라고도 불린다. 엄동설한 12월 납월에 꽃망울을 틔운다 해서 그 이름이 붙여진 꽃이다. 한겨울 내린 눈길이 따뜻한 햇살에 조금씩 녹아갈 때, 이곳 금둔사를 찾아보는 것은 어떨까. 누구보다 빨리 봄을 만나볼 수 있을 것이다.

기적의 도서관/그림책 도서관

개관 당시부터 '전국 1호'로 화제를 모았던 순천 기적의 도서관, 그리고 시립 그림책도서관. 순천은 교육의 도시답게 특색 있는 도서관 건립에 앞장서 왔다. 기적의 도서관은 어린이들이 아기 때부터 책과 친해질 수 있도록 어린이 눈높이에 맞춰나가는 운영체계를 자랑하고 있으며, 그림책도서관은 국내

외 유명 그림책 작가의 작품 전시회와 체험, 상설 인형극 공연 등 다양한 프로그램으로 어린이뿐만 아니라 어른들에게도 호응을 얻고 있다. 이 두 도서관은 색다른 체험 활동을 책 읽기와 연계해 진행하는 '살아 있는 도서관', '재미가 넘치는 도서관'으로 운영하고 있다.

이색 순천, 이야기가 있는 골목길, 있는 그대로의 순천과 만나기

　도시 공간 가운데 어느 것 하나 동시 다발적으로 만들어진 것은 없다. 모든 공간은 그 나름의 지난한 시간들이 스며들어 있기 때문이다. 순천이라는 도시는 천 년의 역사를 간직한 오래된 소도시이다. 하지만 수많은 사건과 사고 속에서 희미하게나마 그 명맥을 유지하고 있는 몇몇의 건축물을 제외하면 천 년의 시간을 거슬러온 도시 그 자체를 만나보기는 쉽지 않다. 그러나 우리

에게 어렴풋한 옛 기억을 되살려줄 수 있는 곳이 존재한다. 그곳은 바로 골목길이다. 사람과 사람 사이의 곡진한 사연들과 낡았지만 정다운 돌담길이 구불구불 이어져 있는 곳. 그곳에서 순천의 색다른 모습을 볼 수 있지 않을까 기대해 보며 금곡길, 영동길, 행금길, 행중길, 호남길, 서문성터길, 향교길, 옥천길, 임청대길, 공마당길, 매산길 등 오래된 골목길로 발길을 옮긴다.

순천 행동은 동쪽으로는 중앙로를 경계로 원도심 중심 상권인 중앙동이 있고, 서쪽으로는 난봉산을 병풍 삼아 형성된 금곡동, 옥천동의 오래된 마을과 이어진다. 북으로는 20세기 초 기독교 선교사들이 정착했던 매산동과 순천의 대표 의료시설의 하나인 순천의료원, 웃장의 5일 장터와 연결된다. 조선 시대 때부터 순천읍성 안쪽에 자리 잡고 있어 객사나 동헌 등의 주요 시설과 긴밀한 연관성을 가지고 있었고, 일제강점기 이후에도 줄곧 순천의 중심적인 삶터로서의 역할을 해왔다. 순천 읍성을 보여주는 옛 지도를 참고해 보면 마을

의 가가호호를 연결하는 골목으로 읍성의 서문과 북문을 연결하고 있다. 아마도 이 골목은 15세기 중엽쯤에 완성된 순천읍성의 연혁과도 일치한다고 추측해 본다면 500~600년의 시간이 쌓여 있는 셈이다. 행동 골목길은 매끈하지 않다. 주름지고 각질처럼 군데군데 떨어져 나가고, 시금털털한 냄새가 배어있으며, 할머니 등처럼 굽어 있고 요리조리 꺾여 있다.

 순천읍성의 동헌 자리에는 현재 삼성생명 건물이 세워져 있다. 그 바로 앞에 1974년 보호수로 지정된 팽나무 한 그루가 500년의 역사를 소리 없이 지키고 서 있다. 이곳에서부터 순천 문화의 거리가 시작된다. 순천 역사의 터전에 자리 잡은 문화의 거리는 순천의 문화와 역사 예술을 한눈에 살펴볼 수 있다. 기록에 의하면 순천읍성은 1430년(세종 12년) 최윤덕이 기존의 토성이었던 것을 석성으로 새로 쌓았다고 한다. 군사적인 목적과 지역의 통치를 원활하게 하기 위해 도성인 한양을 본떠 계획되어 조성되었다 하는데, 읍성 안에는 적대, 성문, 우물, 못, 해자 등이 있었고, 주요 시설로는 남문, 아사, 공북루, 객사, 망경루, 군기고, 진휼창, 관노청, 옥사 등이 있었으며 성내에는 관료과 군사, 그리고 지금의 낙안읍성처럼 일반 민간인들도 살았다.

　삼성생명 건물로부터 공마당까지의 쭉 뻗은 길이 금곡길이다. 금곡길은 문화의 거리 중심 길로 한옥 글방, 영상 미디어 센터 등 많은 문화예술 공간들이 들어서 있다. 금곡길의 가로수는 오래된 은행나무로 여름에는 시원하고 가을에는 노란 은행잎 길로 장관을 이룬다. 영동길은 금곡길 중간의 문화마당을 거쳐 매산동에 위치한 근대 기독교 선교사 유적지와 연결된다. 중간에 향교길, 행금길과 교차하며 옛 평화여관 자리에 영동주차장이 들어서 있다. 역사적으로 일제강점기 때 도립의료원이 생기면서 만들어진 길은 행중길이다. 행동과 중앙동의 앞글자를 따서 만들어졌다. 이곳은 맛집들이 몰려 있어 점심시간 때는 식사를 하기 위한 사람들로 늘 북적인다. 향교길은 중앙로 교

보빌딩 사잇길에서 순천향교에 이르는 길로 중간에 수많은 길과 교차한다. 진입부에는 홍살문과 하마비가 서 있다. 향교는 유교문화를 상징하는 건축물의 하나로 순천을 이야기할 수 있는 역사적 장소이기도 하다. 순천 향교는 난봉산 자락의 금곡동에 정동향으로 자리 잡고 있다. 읍성과 가까운 야트막한 야산의 가장 높은 곳에 대성전을 두고 그 앞에 명륜당을 둔 전형적인 전학후묘(前學後廟)의 형태를 취하고 있다. 동쪽의 정문을 들어서면 양재를 뒤편에 거느린 명륜당이 있고, 그 위쪽에는 양무를 앞편에 둔 대성전이 독립된 공간으로 자리하고 있다. 문묘와 강학 구역의 남쪽에는 서재를 경계로 교직사, 풍화루, 문서고 등 부속 건물이 자리한다. 명륜당 왼쪽에는 16개의 비석이 있고 은행나무 고목 2그루가 있다.

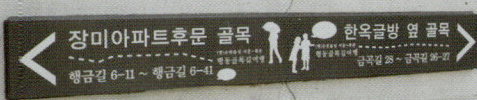

중앙로는 순천 역사 1번지라 할 수 있는 길로 동헌, 객사 등 읍성의 핵심 건물로 이어지는 길이었다. 특히 동헌 앞은 광장처럼 큰 대로였고, 장이 설 때면 수많은 인파가 길을 가득 메우기도 했다. 교보생명 앞에는 팔마비가 있는데, 관부에게 내려지던 증마(贈馬)의 폐단을 끊은 석(碩) 태수를 칭송하기 위해 비석을 만들고 팔마비라 이름 지었다. 현 교보생명 자리는 일제강점기 때 순천(승주)군청 자리로 영동 1번지로 불른다. 조선 시대까지는 아전들이 업무를 보던 질청이 있던 자리다. 수탈과 억압을 위한 기지로 기능을 했고 해방 이후 건국준비위원회가 이곳에 둥지를 틀기도 했다. 1960년대 말까지 승주군의 행정 중심이었으나, 청사를 승주읍으로 옮긴 후 교보생명에 매각되어 현재에 이르고 있다.

옥천길은 중앙시장이 있는 중앙로에서 옥천을 따라 올라가는 길로 중간에 영동, 호남길, 서문성터길, 공마당길과 만난다. 임청대길은 옥천길에서 임청공원, 향동사무소와 옥천서원 방면으로 뻗어난 길이다. 최근 옥천이 생태 하천 정비 사업으로 새롭게 바뀌었다. 옥천길에 있는 옥천서원은 무오사화에 연루되어 유배되어 있다가 죽임을 당한 김굉필을 기리기 위해 세운 서원이다. 임청대비는 김굉필과 조위 두 사람이 귀양살이를 하던 중 돌을 모아 대를 만들어 조위가 임청대라 이름지었다고 한다. '임청(臨淸)'이란 말은 도연명이 지은 〈귀거래사〉의 "동쪽 언덕에 올라 휘파람을 불고, 맑은 개울에 임하여 시를 짓노라."라는 구절에서 따왔다. 항상 마음을 깨끗이 가지라는 뜻이다. 그러나 임청대는 옥천을 정비하며 흔적 없이 사라졌고 임청대비만이 남아 있다.

　공마당길은 옥천길에서 임청대길과 반대 방향으로 갈라져 나와 금곡동을 가로질러 매산들에 이르는 길로 순천 향교 뒷길을 지나 박난봉 장군묘, 매산여고 후문을 거친다. 난봉산의 끝자락으로 순천 시내가 한눈에 들어온다. 특히 봄에는 벚꽃이 만발해 걸을 만하다. 공마당은 1920년대부터 청년회가 향교 뒤편에 너른 공터를 체육활동을 위해 사용하면서 알려지게 됐다. 여기에서 다양한 문화·체육 행사들이 열리곤 했다. 금곡동은 원래 '청수골'

이라는 이름을 가지고 있었던 오래된 마을로 좁다란 골목길의 정취가 곳곳에 남아 있다. 이곳은 현재 '청수골 달빛마을' 프로젝트를 진행 중에 있으며 '공마당 둘레길'을 조성하고 있다.

100년 전 외국 선교사들의 마을이 있는 매산길은 순천의료원 공원과 중앙교회가 만나는 지점에서 출발해 매산중학교, 매산여고가 있는 매산동으로 이어진다. 1911년 미국 남장로 선교회가 자리했던 매산동에는 아직도 초창기 유적들이 많이 남아 있다. 원도심을 한눈에 바라볼 수 있어 좋고 노거수들이 많아 경관이 아름답다. 매산동에는 총 5곳이 문화재로 등록되어 있으며, 순천 지역의 개신교 선교 역사와 관련 유적, 인물에 대해서 알아볼 수 있는 기독교 역사박물관이 있다.

남도 여행

Chapter
05

힐링이 되는 여행

01 길 걷다

여수 금오도 비렁길

우리나라에서 21번째로 큰 섬인 금오도(金鰲島)는 원래 거무섬으로 불렸다. 예로부터 원시림이 잘 보존된 곳으로, 숲이 우거져 검게 보인다고 해서 붙여진 이름이라고 전해진다. 이 거무섬을 비슷한 한자로 표기한 것이 거마도였다. '청구도(靑邱圖)'나 '대동여지도(大東輿地圖)'에는 거마도로 표기되어 있다. 이곳에 근래 새삼스럽게 조명을 받고 있는 비렁길이 있다.

　금오도 비렁길은 남해안에서 찾아보기 어려운 금오도 해안단구의 벼랑을 따라 조성되었기 때문에 벼랑의 여수 사투리인 '비렁'을 그대로 사용했다. 코스는 모두 5개 구간으로 구성돼 있다. 1구간은 함구미마을에서 미역널방~송광사 절터~신선대~두포마을까지 6.8km, 2구간은 두포마을에서 굴등 전망대를 거쳐 촛대바위~직포마을까지 3.9km, 3구간은 직포마을에서 갈바람통 전망대를 거쳐 매봉 전망대~학동 삼거리까지 4.5km, 4구간은 학동 삼거리에서 사다리통 전망대~온금동~심포마을까지 3.2km, 5구간은 심포마을에서 막개~장지까지 3.3km 등 총 21.7km에 이른다. 원하는 코스를 선택해서 걸으면 되고, 어디로든지 탈출 코스는 연결되어 있다.

시골 마을은 어디나 그렇듯 한적하고 여유가 있다. 1코스 시작 지점인 함구미 마을도 마찬가지다. 함구미(含九味)란 지명은 해안의 기암절벽이 아홉 골짜기의 다양한 절경으로 이뤄져 부르게 됐다고 한다. 또 매봉산 줄기 끝부분에 위치한 이곳은 용의 머리와 같이 생겼다 해서 '용두(龍頭)'라는 지명과 함께 사용한다.

함구미 선착장에는 금오도 비렁길이란 이정표와 함께 안내판이 걷는 방향을 가리키고 있다. 이내 숲 속으로 들어가면 매봉산 끝자락이다. 원래 섬이 시커멓게 보일 정도로 숲이 우거졌다 하더니 정말 섬치고는 나무들이 많다. 동백나무·후박나무·서어나무·측백나무·비자나무에 봉산(封山) 역할을 했던 소나무까지 다양한 식생을 자랑한다. 마삭줄, 공난 등 많은 종류의 관목도 교목들 틈바구니에 얼굴을 내밀고 있다.

얼마 지나지 않아 옛 송광사 절터가 나온다. 전설에 의하면 보조국사가 모후산에 올라 좋은 절터를 찾기 위해 나무로 조각한 새 세 마리를 날려 보냈는데, 한 마리는 순천 송광사 국사전에, 또 한 마리는 여수 앞바다 금오도에, 다른 한 마리는 고흥군 금산면 송광암에 앉았다고 한다. 이를 삼송광(三松廣)이라 부른다고 전한다. 고려 명종 25년(1195) 보조국사 지눌이 남면 금오도에 절을 세운 기록이 있어, 이곳 절터는 송광사의 옛터로 추정할 수 있다고 한다.

영화 〈혈의 누〉, 〈하늘과 바다〉, 〈박봉드 살인사건〉 등을 촬영한 굴등 전망대도 표고 100m가량 높이의 절벽 위에 자리 잡고 있다. 촛대바위, 일명 남근바위도 비렁길 옆에 우람하게 솟아 있다. 촛대라기보다는 꼭 남근같이 생겼다.

촛대바위 지나자 꼭 여자 엉덩이 같은 봉우리 두 개가 저 멀리 눈에 들어온다. 옥녀봉이다. 유달리 숲이 우거져 있다. 나무꾼들은 옥녀봉에서 절대 나무나 풀을 베지 않는다고 한다. 불문율로 전하는 금기사항이다. 옥녀봉 아래의 나무나 풀은 옥녀의 은밀한 부분을 들춰낸다고 해서 그렇다고 한다. 만약 이를 어긴다면 큰 재앙을 내린다고 전한다. 마을마다 다양한 전설이 전하고 있다. 옥녀봉 전설, 선녀 전설, 불무골 전설 등 어촌이라 그런지 바다와 산과 두루 관련된 내용이다. 바다와 해안 절벽, 동백나무, 다양한 나무로 이뤄진 아름다운 숲, 한적한 마을 등 어느 것 하나 놓칠 수 없는 절경이 파노라마처럼 스쳐 지나간다.

비렁길은 원래 섬주민들이 땔감과 낚시를 위해 다니던 해안길이었는데, 전국적으로 걷는 것이 유행하게 되자 여수시에서 비렁길을 새로 단장하고 위험한 곳에는 안전시설을 갖추고 필요한 곳에 안내표지를 세워서 사람들이 걷기 좋은 길로 만든 것이다.

함구미마을 뒤의 산길에서 시작해서 바다를 끼고 돌며 장지마을까지 형성된 18.5km의 비렁길은 도보로 6시간 30분정도 소요된다.
　거리는 제주도 올레길의 한두 구간에 불과하지만 숲과 바다, 해안 절벽 등의 비경을 만끽할 수 있는 매력에 많은 육지 사람들이 찾고 있다.

　비렁길이 있는 금오도 가는 방법은 두 가지가 있다.
　첫째는 여수 연안여객터미널에서 배를 타고 비렁길의 시점인 함구미마을로 가는 방법이다. 이 방법은 여수에서 금오도 가는 배편이 자주 없고(하루 세 번) 여객선 운항 소요 시간도 1시간 20분이나 걸리는 단점이 있다.
　둘째는 여수 돌산의 신기항에서 금오도 여천항으로 가는 방법이다. 하루에 7번의 배편이 있고 배의 운항 시간도 20분밖에 안 걸리지만 금오도 내의 교통여건이 불편하여 금오도 여천항에 도착하여 비렁길 시점인 함구미마을까지 가는 방법이 여의치 않다는 단점이 있다.

　　동백꽃의 아름다움을 감상하기 위해서는 검바위 코스를, 매봉산과 칼이봉, 옥녀봉 등 7~8개의 산봉우리를 모두 거치는 종주 코스는 함구미에서 출발하는 것이 유리하다. 더구나 함구미 포구에서 마을을 지나 전망대에 이르는 1.6km 길이 가파르지 않은 오르막길로 누구나 쉽게 산 정상 가까이 접근할 수 있어서 더 편안한 산행을 할 수 있다. 대봉산 등산을 할 때면 등산 코스마다 마을로 가는 하산길이 연계되어 있어, 도중에 산을 내려오고 싶을 때면 무리 없이 하산할 수 있다는 장점이 있다. 부담 없는 등산로를 갖추고 있는 금오도 비렁길은 누구나 편안하게 산행을 즐길 수 있는 곳이다.

TIP!!

백야도 선착장, 여수연안여객선 홈페이지에 들어가 운행 노선과 시간을 확인해 보자.
현장 방문 시 만석으로 승선을 못하는 경우가 있으니 사전 인터넷 예매를 하는 편이 좋다.

■ 주요 코스

1코스 : 5.0km(2시간) 함구미 → 미역날바위 → 송광사 절터 → 선선대 → 두포
2코스 : 3.5km(1시간) 두포 → 굴등 전망대 → 촛대바위 → 직포
3코스 : 3.5km(1시간 30분) 직포 → 갈바람통 전망대 → 매봉 전망대 → 학동
4코스 : 3.2km(1시간) 학동 → 사다리통 전망대 → 온금동 → 심포
5코스 : 3.3km(1시간) 심포 → 막개심포 → 장지
종주코스 : 18.5km(6시간 30분) 함구미 → 두포 → 직포 → 학동 → 심포 → 장지

순천 남도 삼백리길

순천만 갈대길을 시작으로 한 '남도 삼백리길'은 지역 생태와 역사문화를 연결한 모두 11개 코스로 조성되어 있다. 총 223km로 걷거나 자전거를 타고 다닐 수 있도록 만들어져 있는데 1코스만 해도 16km로 5시간 이상 걸리니, 하루하루 계획을 잘 세워서 코스를 탐방해야 효율적이다. 무더운 여름에는 일사병에 대해 각별한 주의가 필요하고, 추운 겨울에는 완전 무장이 필요할 듯하다.

■ 제1코스 - 순천만 갈대길(16km)

순천만 갈대 코스라고도 불리는 1코스는, 가장 아름다운 길 중의 하나다. 와온, 순천만, 화포까지 순천만을 감싸고 있는 해안길을 따라 가다 보면 순천만의 진정한 풍경을 만날 수 있다. 노을을 감상하고 싶다면 도착지인 별량 화포해변부터 출발하는 것 좋은 방법이 될 수 도 있다.

- ■ 전체 코스 : 16km, 5시간
  해룡 와온 → 해룡 노월 → 용산 전망대 → 순천만 → 별량 장산 → 별량 화포
- • 보조 탐방로 1 : 순천만 → 용산 전망대 → 해룡 노월 → 와온 (8km)
- • 보조 탐방로 2 : 순천만 → 별량 장산 → 별량 화포 (8km)
- • 보조 탐방로 3 : 순천만 → 용산 전망대 → 순천만 (4km)

■ 제2코스 - 꽃산 넘어 동화사길(20km)

꽃산 넘어 동화사길은 순천만의 해안과 마을을 감상하며 걷는 해안, 마을길 복합 구간으로 일출이 유명한 별량 화포에서 출발하여 용두마을의 정취를 느끼며 동화사에 이르는 옛길의 정취를 느낄 수 있는 구간이다. 마을의 한적하고 따뜻한 분위기를 느끼며 여유로운 산책을 즐길 수 있다.

- 전체 코스 : 20km, 7시간
  별량 화포 → 죽전 → 거차 → 창산 → 용두 → 구롱 → 원산 → 화산 → 동화사
- 보조 탐방로 1 : 별량 화포 → 죽전 → 거차 → 청산 → 용두 (12km)
- 보조 탐방로 2 : 별량 용두마을 → 구롱 → 송기 → 죽림 → 동화사 (18km)

제3코스 - 읍성 가는 길(14km)

자연, 역사, 문화 탐방로이며, 순천만과 여자만 경관과 낙안 운동마을 주변 배나무농장 등 멋진 경관을 감상할 수 있다. 동화사에서 출발하여 제석산 중턱의 목축 용지를 지나 조선 시대 가옥의 원형이 보존된 낙안읍성에 이르는 탐방로이다. 걷기에 벅차다면 자전거를 이용해도 좋다.

- 전체 코스 : 14km, 5시간

  동화사 → 순천만 자연드림 목장 → 낙안 우렁재 → 운동 → 심내 → 내동 →
  교촌 → 평촌 → 낙안읍성
- 보조 탐방로 : 동화사 → 제석산 → 순천만 자연드림 목장 → 동화사 (8km)

제4코스 - 오치 오재길(20km)

낙안읍성을 출발하여 수정마을을 거쳐 고동치 임도를 따라 선암사와 송광사를 가르지는 조계산 능선을 넘어서 접치에 이르는 아름다운 숲길 탐방로이다. 트래킹 코스이니 편한 복장, 등산화나 운동화를 갖춰 가는 게 좋겠다.

- 전체 코스 : 20km, 8시간

  낙안읍성 → 상송마을 → 수정마을 → 고동치 → 장안치 → 굴목재 → 장군봉
  → 접치재
- 보조 탐방로 1 : 수정마을 → 고동치 → 장안치 → 장군봉 → 접치 (16km)
- 보조 탐방로 2 : 수정마을 → 고동치 → 고동산 → 수정마을 (8km)
- 보조 탐방로 3 : 접치 → 장군봉 → 접치 (12km)
- 보조 탐방로 4 : 수정마을 → 고동치 → 승주저동 → 남정 (15km)

제5코스 - 매화향길(25km)

접치에서 출발하여 흑석마을 임도를 따라 희야산 녹차밭을 지나 희야산과 노고치를 거쳐 고산마을의 생태 마을은 매화 군락을 이루고 있다. 승주읍 희

야산 중턱에는 녹차밭이 펼쳐져 있으며, 고산마을에서 생태 체험과 자연을 체험할 수 있는 여러 가지 프로그램을 갖추고 있다. 월등면 계월리 이문마을과 외동마을은 매화 군락이 장관이며 매년 3월에는 축제도 개최한다.

- 전체 코스 : 25km, 10시간
  낙안읍성 → 상송마을 → 수정마을 → 고동치 → 장안치 → 굴목재 → 장군봉 → 접치재
- 보조 탐방로 1 : 접치 → 두모마을 → 흑석마을 → 희야산 녹차밭 → 노고치 → 고산마을 (13km)
- 보조 탐방로 2 : 흑석마을 → 희야산 녹차밭 → 노고치 → 고산마을(9.5km)
- 보조 탐방로 3 : 고산마을 → 군장마을 → 월등 계월 (11.9km)

제6코스 - 십재 팔경길(15km)

심원마을에서 구례구역까지 이어지는 한양 옛길 구간이다. 강변의 마을을 끼고 가는 길로서 미초마을에서부터 구례까지 이어지며, 역사적인 고증을 따라 선조들이 지나간 발자취를 추적하여 걷는 운치 있는 길이다. 보조 탐방로인 황전면 비촌에서 덕계 구간 임도는 가족 단위의 탐방객이 쉬고 갈 수 있을 정도로 길이 완만하고 산골 마을을 바라보면서 걸을 수 있는 좋은 길이다.

- 전체 코스 : 15km, 6시간
  심원 → 미초 → 회룡 → 임선 → 대치 → 교등 → 금평 → 용서 → 용림 → 구례구역
- 보조 탐방로 : 황전 비촌 → 임도 → 황전 덕계 (8km)

■ 제7코스 - 과거 관문길(19km)

한양으로 가던 옛길을 걸으며, 조상들이 과거 시험을 치르러 가는 기분을 함께 느껴보자. 시험을 떠올리니 머리가 조금 아파오는 것 같지만 분위기만 내려는 것뿐이니 혹여 각자의 마음속에 품고 있던 '시험'들을 떠올리지는 말자. 강청에서 금평, 지본, 판교를 지나 추동에 이르면 산 아래 과거 길의 흔적이 남아있으며, 마을 곳곳에 정자가 있어 쉬어가며 준비해온 물이나 간식을 먹기에도 좋다. 순천시내에 위치한 서문 성곽터에서 출발하여 동천을 따라 강청을 지나 둑길과 마을 길을 따라 심원까지 이르는 구간이다.

- 전체 코스 : 19km, 6시간
  서문 성곽터 → 동천 → 서면 강청 → 판교 → 추동 → 청소 → 심원
- 보조 탐방로 1 : 정혜사 → 계곡 → 정상 → 정혜사 (5km)
- 보조 탐방로 2 : 정혜사 → 앞쪽 능선 → 능선 → 정상 → 정혜사 (7km)
- 보조 탐방로 3 : 정혜사 → 입구 능선 → 능선 → 정상 → 정혜사 (7km)

■ 제8코스 - 동천길(12km)

  순천 시내에서 동천을 따라 순천만까지 가족과 함께 편안하게 걸을 수 있는 구간이다. 동천은 1급수로서 다양한 물고기가 서식하고 철새들이 찾는 곳이다. 가족, 친구와 함께 동천의 징검다리도 걷고 물장구를 치면서 도심 속의 자연 하천을 즐길 수 있는 아름다운 코스이다.

- 전체 코스 : 12km, 5시간
  서문 성곽터 → 시내 동천 → 2013 순천만국제정원박람회장 → 맑은물관리센터 → 순천만
  · 보조 탐방로 : 동천 → 2013 순천만국제정원박람회장 탐방

■ 제9코스 - 천년 불심길(12km)

　조계산의 선암사 – 송광사 구간은 숲길을 걸으면서 자연 생태를 감상할 수 있는 구간으로 태고종의 본산 선암사를 출발하여 큰 굴목재를 거쳐 승보 사찰인 송광사로 넘어 가는 코스이다. 스님들이 수행하면서 걸었던 천 년 불심의 길을 걸으면서 명상의 시간도 갖고 선암사 입구의 전통 차 체험관에서 전통 차를 즐길 수 있으며 산림욕과 숲속 정원을 즐길 수 있다. 굴목재를 지날 쯤이면 점심시간 정도가 되며 조계산의 명물이 된 보리밥집에서 산채 나물비빔밥을 맛볼 수 있다.

- 전체 코스 : 25km, 8시간
  선암사 → 야생차 체험관 → 생태 체험장 → 굴목재 → 보리밥집 → 송광사

■ 제10코스 - 이순신 백의종군길(25km)

　이순신 장군의 《난중일기》에 나오는 길로, 이순신 장군이 구례에서 순천 송원으로 내려와서 18일간 머무른 곳이기도 하다.

- 전체 코스 : 25km, 8시간

  선평 삼거리 → 학구 → 송치재 → 상동 → 황전면사무소 → 산성터 → 외구마을 → 용소 → 구례구역
  - 보조 탐방로 : 서면 강청 → 용당 → 죽청 → 청소년 수련원 (10km), 자전거 통행 가능

■ 제11코스 - 호반 벚꽃길(45km)

시내에서 가까운 거리에 있는 상사호는 1991년 상사 조절지 댐에 의해 생긴 인공 호수를 순환하는 자전거 코스로, 전체적인 길의 난이도는 보통이며, 상사 호는 주변 산이 높고 계곡이 깊어 그윽한 분위기를 자아내며 적정한 규모를 가져 쉽게 탐방할 수 있는 구간이다. 맑은물관리센터 주변은 밀밭이 펼쳐져 밀밭 축제를 개최하고 있으며, 밀이 영그는 계절인 6월에는 더욱 경관이 좋다.

- 전체코스 : 45km, 8시간

  맑은물관리센터 → 이사천 → 상사흘산 → 상사면사무소 → 상사댐 물 홍보관 → 승주 송전 → 선암사 → 승주 남정 → 상사쌈지 → 맑은물관리센터(차량 통행으로 자전거 이용 시 주의 요망)

02

산 오르다

여수 금오산

여수 금오산은 돌산도 끝자락에 있는 해발 323m의 그리 높지 않은 산이다. 산행 거리도 비교적 짧아 무리하지 않고 누구나 가볍게 산행을 즐길 수 있어 좋다. 금오산은 특히 일출로 유명한 향일암을 품고 있으며 다도해 해상공원이 눈앞에 펼쳐져 있어 지상 최고의 경관을 자랑한다. 금오산은 또, 풍수지리상 경전을 등에 모신 금 거북이 바닷속으로 들어가는 모습을 취하고 있다 한다. 향일암 대웅전에서 왼쪽으로 보이는 봉우리가 거북의 머리 형상이고 향일암이 자리한 곳은 거북의 몸통에 해당한다. 그래서 산 이름은 쇠 금(金) 자, 큰 바다거북 오(鰲) 자를 쓴 금오산이다. 향일암은 한때 거북 구 자를 써서 영구암(靈龜庵)이라 부르기도 했는데, 지금도 영구암이란 편액이 남아 있기도 하다. 이러한 전설을 더욱 그럴 듯 하게 꾸며주는 것이 이 일대 바위의 무늬

다. 바위 마다 한결같이 거북의 등 무늬를 닮은 문양이 나 있다. 향일암의 뒤를 돌아 금오산까지의 오름길은 약 30분 거리로 다도해 해상공원 일대의 절경을 제대로 즐길 수 있다. 흔들바위 입구에서 5분쯤 비탈길을 오르면 곧 시야가 툭 트이는 바위지대를 만나게 된다. 촛대바위, 기둥바위 등 기이한 형상의 바위들이 푸른 바다를 끼고 우뚝 솟아 있어 다른 곳에서는 좀처럼 볼 수 없는 멋진 경관이 펼쳐진다. 이곳에서 일출을 맞이하면서 한 해의 소원을 빌어보는 것도 좋을 일이다. 금오산의 등산 코스는 두 곳으로 나뉜다.

■ A코스 : 율림치 → 금오산 → 전망봉 → 정상석 → 향일암-매표소 → 주차장
　　　　(산행 시간 : 3.5시간)
■ B코스 : 향일암 주차장 → 향일암 → 정상석 → 향일암 주차장(산행 시간 : 2시간)

여수 영취산

천상의 화원, 여수 영취산은 진달래로 유명한 산이다. 봄이면 약 15만 평에 이르는 진달래가 군락을 이루고 있어 마치 산이 활활 불타오르는 듯한 장관을 연출한다. 영취산은 예로부터 여수 사람들에게 신령스런 산으로 인식되어 기우제나 치성을 드렸다 한다. 영험한 곳으로 알려진 이곳에는 전통 기원 도량이었던 금성대가 있고, 그 아래 기도 도량인 도솔암이 있어 현재까지 사람들의 발길이 끊이지 않고 있다.

영취산 산행 코스는 여수국가산업단지의 GS칼텍스 위쪽에 위치한 임도나 예비군훈련장을 기점으로 오르는 것이 가장 인기가 좋은 편이다. 영취산은 능선이 부드러운데다가 남해 연안의 쪽빛 바다가 발아래 펼쳐져 있어 마치 꽃밭을 걷는 듯한 황홀경에 빠지기도 한다. 진달래꽃이 가장 화려한 개구

리바위 군락지를 지나 진례봉에 오르면 남해 앞바다의 크고 작은 섬들이 떠 있는 모습을 볼 수 있고, 동북쪽으로는 여수와 묘도를 연결하는 이순신 대교가 뻗어 있으며, 여수국가산업단지와 광양만의 전경을 감상할 수 있다. 영취산의 또 다른 감상포인트는 야경이다. 노을이 지기 시작하면서 여수국가산업단지와 광양제철소가 불을 밝히기 시작하기 때문이다. 여기에 더해 바다에 떠 있는 화물선들의 불빛까지 켜지면 환상적인 불빛 잔치를 볼 수 있다.

- 산행 코스
  예비군 훈련장 - 450봉 - 철계단 - 진례산 - 봉주재 - 흥국사 (약 9km 4.5시간 소요)
  산행 코스는 어느 코스로 하던 4시간 내외이다.

- 1코스
  GS칼텍스 뒤 임도삼거리 → 억새평원 → 450봉 → 진례산 정상 → 도솔암 → 봉우재 → 영취산 → 439봉 → 갈림길(오른쪽) → 흥국사

- 2코스
  GS칼텍스 뒤 임도 삼거리 → 억새 평원 → 450봉 → 진례산 정상 → 도솔암 → 봉우재 → 흥국사

- 3코스
  상암 → 임도 → 봉우재 → 진달래 군락지 → 영취산 정상 → 흥국사

- 4코스
  둔덕대광아파트 뒤 → 호랑산 → 봉우재 → 흥국사

순천 조계산

　조계산(曹溪山)은 해발 887m로 산세가 부드럽고 아늑하다. 산속의 깊은 계곡에는 맑은 물이 흐르며, 조계종과 태고종의 양대 사찰인 송광사와 선암사를 품고 있어 더욱 유명하다. 이 때문에 조계산 산행은 두 거찰을 잇는 명찰 산행으로 이뤄진다. 그러나 조계산 등반자의 대부분이 다른 이유 때문에 산을 오른다고 한다. 그 이유가 뭘까 했더니 보리밥집 때문이란다. 아마도 지상에서 가장 맛있는 밥은 배가 많이 고팠을 때, 어머니가 해 주는 따뜻한 밥 한 공기가 아닐까? 그리고 두 번째로 맛있는 밥은 산행 후 약간 허기진 상태에서 먹는 밥일 수도 있다. 하지만 밥 먹기 위해 하는 산행이라니…. 그러나 이곳의 보리밥집은 가마솥으로 지은 보리 섞은 밥에다가 나물과 시래기 된장국을 곁들여 차려낸 밥상(6,000원)은 소박하기 그지없지만, 그 맛 또한 일품이다. 이제 허기를 면했으면 정상으로 발길을 옮겨보는데, 작은 굴목재

를 지나면 배바위가 나온다. 발아래로는 선암사와 상사호가 가녀리게 이어져 있고 시계가 좋을 때는 지리산과 백운산, 순천만까지 조망이 가능하다. 그리고 배바위에서 다시 10여 분만 오르면 장군봉 정상에 도달한다. 여기서 빼놓을 수 없는 것은 약간 길을 돌아가야 하는 불편함이 있지만 불일암을 들러 보는 것도 좋을 일. "무소유란 아무것도 갖지 않는다는 것이 아니라 불필요한 것을 갖지 않는다는 뜻이다. 우리가 선택한 맑은 가난은 넘치는 부보다 훨씬 값지고 고귀한 것이다." 17년간 기거했던 불일암의 법당 앞 오동나무 아래에 한 줌 흙으로 돌아가신 법정 스님의 무소유의 지혜를 좇아 불일암이 자리한 순천 조계산을 올라보는 것은 어떨지.

　루트도 조계산을 동서로 횡단(선암사~선암사굴목재~보리밥집~작은굴목재~조계산 장군봉~송광굴목재~홍골~송광사, 5시간 소요)하거나 송광사를 기·종점으로 삼아 원점 회귀 방식으로 코스를 짠다면 송광사~운구재~천자암~송광굴목 삼거리~보리밥집~장박골~작은굴목재~장군봉~장박골~피아골~수석정 삼거리~송광사(5시간 30분 소요) 식의 산행로가 일반적이다.

03 여수의 문화역사

이순신과 거북선의 여수

이충무공의 발자취를 찾아서

필생즉사 필사즉생(必生卽死 必死卽生)

매년 오월이면 전라좌수영의 본영인 여수에서는 거북선 축제가 열린다. 임진왜란 역사에서 여수만이 갖고 있는 출정의 의미를 되새기며 승전을 기념하고 평화를 기원하는 축제다. 또한, 여수시는 진남관 아래 중앙동 로터리에서 바다 쪽으로 이순신광장을 조성하며 이충무공의 업적을 기리기 위해 노력하고 있다.

이충무공의 역사는 이제 신화가 되었다고 하면 과언일까? 그는 세계 해전사에서 이미 빛나는 인물이며, 400여 년 전 임진왜란의 어려운 국란에서 나라를 구한 인물이다. 그는 혜성처럼 나타나 첫 해전인 옥포에서부터 마지막 노량해전까지 단 한 차례도 패하지 않은 전쟁을 치렀다. 그를 이르러 '성웅'이라 부른다. 그는 용맹하면서도 지혜로웠고, 세상을 품을 줄 아는 대장부였다. 《칼의 노래》 김훈의 묘사처럼 "겨울 산속의 짐승 울음 같은 엄청난 소리를 내며, 물이 물을 밀쳐내며 뒤채는 모습"에 두려움과 함께 경이로움마저 느낀다.

여수에는 이충무공의 발자취가 많이 남아 있다. 이충무공의 얼을 기리며 지난 역사의 시간 여행 속으로 빠져 보자.

선소

　우선 여천의 '선소'에 들러 보자. 선소는 이순신 장군이 뛰어난 조선 기술(造船技術)을 가지고 거북선을 만든 곳으로 알려져 있는데, 굴강이 항아리처럼 아담하게 자리하고 있다. 아름드리나무의 정원과 무기 제작처, 세검정, 군기 창고 등이 남아 있으며 마을 뒤편으로는 병사들의 훈련장과 적의 동태를 관찰할 수 있는 망마산이 자리하고 있다.

　임진왜란 당시 이순신 장군에 의해 만들어진 거북선은 모두 세 척이라 한다. 바로 이 세 척은 여수 일대의 선소에서 탄생했는데, 전라좌수영 본영 앞의 선소가 그 하나고, 돌산 방답진 선소와 쌍봉 선소가 그곳이다.

　거북선은 두께가 12cm 이상의 튼튼한 소나무로 만들어졌다. 보통 배의 건조에 사용되는 목재는 비중이 0.47 정도인데 거북선에 사용되었던 소나무의 비중은 0.73이나 되었다. 그만큼 강도가 세었고, 판옥선도 바닷물에 녹슬지 않도록 나무못만을 사용하여 물과 접촉할수록 더욱 튼튼해지게 건조되었다. 거기에 갑판은 덮개를 씌우고 뾰족한 철심을 촘촘하게 박았다. 바로 이러한 장점 때문에 거북선은 돌격선이 될 수 있었을뿐더러 적 앞의 선봉에 서서 선체가 약한 왜적선을 무찌를 수 있었다.

오충사, 이충무공 자당 기거지

선소를 거쳐 웅천에 가면 '오충사'와 '송현 이충무공 자당 기거지'가 있다. 오충사는 이 충무공을 따라 종군하다 전사한 정철의 공을 기리기 위해 세워졌다. 처음에는 충의공(忠毅公) 정춘(丁春), 충숙공(忠肅公) 정인(丁麟), 충정공(忠貞公) 정대수(丁大水)의 4위를 함께 모셔 사충사(四忠祠)라 하였으나, 이후 웅천동에 사우를 다시 세울 때 충무공을 주벽으로 모시고 기존의 4충신을 배향하면서 오충사로 이름을 바꿨다.

오충사에서 신월 방면으로 가면 충무공의 어머니 변씨 부인과 아내 방씨 등 가족들이 살았던 송현마을이 나온다. 이곳은 임진왜란 때 이 충무공이 아산에 계시던 어머니 변씨와 아내 방씨 등 가족을 한산도에서 백의종군하기까지 5년간 모셔놓고 어머님께 효성을 다하던 곳이다. 이곳에는 충무공이 어머니를 생각하는 《난중일기》의 친필 내용을 그대로 옮긴 비석이 세워져 있다. 1972년 여수시에서 변씨 부인이 기거하던 옛집에서 마룻대, 모릿대, 머릿대 그리고 변씨 부인이 직

접 사용하였다는 맷돌, 디딜방아용 돌절구, 세살말레문(세살창문), 솥, 용솟 등을 발견하였지만 현재는 대부분 없어졌다 한다.

석천사, 충민사

발길을 돌려 마래산 밑의 '석천사'와 '충민사'를 찾아보자. 현암도서관을 지나면 하마비와 홍살문이 나타난다. 하마비는 아무리 지체가 높아도 말에서 내려 걸어가야 한다는 뜻이다. 석천사는 물에서 돌이 나온다 하여 이름 지어졌다. 석천사는 충무공의 영을 모신 사찰로 임진왜란을 승리로 이끄는 데 큰 역할을 한 바 있는 옥형대사와 자운선사가 충무공 전사 후에 공의 충절을 기리기 위해 건립한 절이다. 또한, 석천사 바로 옆에 자리하고 있는 충민사는 충무공을 사모하는 그리움의 정이 듬뿍 묻어 있는 최초의 사당이라는데 의미가 깊다.

진남관

여수 구도심으로 들어서면 진남관이 반긴다. 진남관은 국내 최대 단층 목조건물인 국보 제304호로 전라좌수영의 본영이며, 건물 규모가 정면 15칸, 측면 5칸, 건물 면적 240평으로 현존하는 지방관아 건물로서는 최대 규모이다. 진남관에 들어서면 벽면은 없고 무려 68개의 기둥만이 지붕을 받치고 있다. 이는 공간의 효율성을 살려내며, 간결하면서도 웅장함을 더해 주고 있다. 18세기 초에 건립된 건물이지만 당시의 역사적 의의를 떠나서도 학술적, 예술적 가치가 뛰어난 건물로 평가되고 있다.

객사 앞 보도 옆에는 어른 키보다 조금 높은 돌기둥이 두 개 서 있다. 이것은 석주화대(石柱火臺, 돌기둥 불 받침대)로 수군이 야간 훈련을 할 때 사용한 높이 175cm의 전략물이라 한다. 요즈음 야간등에 비할 바는 아니지만, 반딧불과 달빛에 책을 읽던 시절에 석주화대는 그 시절 새로운 발명품으로 짐작이 간다.

고소대

 '진남관'에서 바라다보이는 제일교회 옆 골목을 오르면 '고소대'가 나온다. '고소대'에는 보물 제571호인 좌수영대첩비와 보물 제1288호인 '타루비'가 있다. '타루비'는 선조 36년(1603), 전란 중 참담한 상황에서 장군의 품성에 감읍한 백성과 전라좌수영의 살아남은 수졸들이 자발적으로 나서서 세운 비다. 비석도 크지 않은 것을 보면 십시일반 돈을 내어 만들어졌음을 알 수 있다.

 비문에 적힌 비석 건립 내력을 보면, "영하의 수졸들이 통제사 이순신을 위하여 짤막한 비석을 세우니 이름하여 '타루비'라 하였다. 이는 중국 양양 사람들이 양호 장군의 덕을 생각하여 (양호의) 비석을 바라보면 반드시 눈물을 흘린다는 뜻을 취한 것이다." 장군은 민족의 성웅으로서가 아니라 한 인간으로 바라볼 때 참으로 사모하지 않을 수 없는 분이라고 그들은 외친다. '타루비' 앞에 서면 흠모의 정이 솟구쳐 차마 눈물을 흘리지 않을 수 없다.

자산공원, 거북선 모형

돌산대교를 건너면 아래쪽 유람선 선착장에 거북선 모형이 있고 공원을 오르면 충무공 동상이 있다. 거북선 모형은 고증을 거쳐 실제 거북선과 같은 크기로 제작되었다. 선내 구조는 총 2층으로 당시 병사들이 전투하는 모습을 재현해 놓았으며, 당시 사용했던 전투 장비로 현자포, 천자포 등 14문을 배치하였고 하층에는 병사들의 생활상을 그대로 보여주는 인형을 제작해 놓았다.

자산공원은 충무공 동상과 팔각정, 충혼탑 등이 있으며, 여수 시가지와 오동도를 한눈에 내려다볼 수 있는 전망 좋은 곳이다. 이러한 지형적 조건 때문에 과거에는 산정부에 토성을 쌓고 바다를 지키는 요새지로 이용되기도 했으며, 근래는 영화와 TV 드라마 장소로도 활용되고 있다.

영웅의 고뇌는 현대를 살아가는 우리의 고뇌와 일면 상통할 수도 있다. 누구에게나 존경받는 우리의 '참지도자' 이충무공의 흔적을 따라가며, 그도 우리와 함께 고통스럽고 험한 세상을 헤쳐나왔음을…, 그리하여 전쟁터에서 승리하고 죽음을 맞았지만 그는 늘 우리 가슴속에서 살아 있음을 느껴본다.

여수의 문화예술 공간, 예울마루

예울마루로 여수 사랑의 꿈을 펼치다.

문화예술의 너울이 가득 넘치고 전통 가옥의 마루처럼 편안하게 휴식할 수 있는 공간이라는 의미를 지닌 여수 예울마루는, GS칼텍스가 1,000억 원을 들여 지난 2010년 3월 착공한 이래 여수 지역의 대표 문화 시설로 자리매김해 가고 있다. 최근 한국메세나협회가 주최하는 메세나 대상 수상(대통령상)은 예울마루가 전남 동부권 문화 지형의 판도를 바꿨다는 호평 속에 이뤄진 것이라서 더욱 의미가 깊다. 메세나 대상은 국내 문화예술 발전과 대중화에 공헌한 기업 및 인물을 선정해 시상하는 권위 있는 상이다.

여수산업단지에 최초로 입주한 기업인 GS칼텍스가 지난 45년간 성장·발전하는 데 터전이 되어 온 지역사회에 기업 이익을 환원한다는 차원에서 추진된 예울마루 조성 사업은 여수시와의 긴밀한 협조 속에 추진되어, 지역사회와 기업체가 상생해 나가는 대표적인 모범 사례로 평가받고 있으며, 예울마루가 지역과 계층을 뛰어 넘는 명실상부한 남해안 문화예술의 중심지가 되어, 여수 시민의 문화 향유권을 넓혀 나가는데 기여할 것이다.

여수시 시전동 망마산 자락 및 장도 일대의 70만m^2(약 21만 평) 부지에 조성된 예울마루의 핵심 시설은 최첨단 공연장과 전시장이다.

1,000여 석의 객석을 갖춘 대극장과 300석 규모의 소극장에서는 실감나는 공연을 느낄 수 있도록 최고급 음향 시설과 조명 시설이 설치되어 있다. 특히 초현대식 시설을 갖춘 대공연장은 무대와 1층 객석 맨 뒷좌석까지의 거리가 불과 21m밖에 되지 않아 어느 자리에서도 무대가 가깝게 보일 뿐만 아니라 고른 음향을 전달할 수 있도록 설계되었다.

시내 중심부에 위치해 시민들의 접근이 편리한 예울마루에는, 이 외에도 기획 전시실과 에너지 홍보관, 전망 시설, 야외 무대(바닥분수), 해안 산책로, 잔디고석정원, 바람의 언덕, 노을의 언덕 등의 시설이 함께 조성되어 시민들의 휴식 공간으로도 활용되고 있다.

예울마루의 가장 큰 특징은 건물이 드러나지 않은 친환경 구조와 에너지 효율을 극대화하는 건축 공법을 사용한 점이다. 현대 건축의 거장이자 친환경적인 건축 설계로 정평이 나 있는 프랑스의 도미니크 페로(Dominique Perrault)가 직접 설계한 예울마루는 지붕이 시작되는 지점인 망마산에서 계곡이 흘러나와 바다로 들어가는 물의 흐름을 연상케 한다. 공연장은 주변 환경과의 자연스런 조화를 위해 외부로는 유리 지붕의 모습만 드러나 있고 주요 공간들은 지하에 배치하였다. 또한, 지붕에 설치된 태양전지 시스템은 자체적으로 전기를 생산해 건물 내에 필요한 전기 일부를 조달할 수 있도록 했다.

예울마루는 개관 이후 지난 1년 6개월간 총 192회의 공연과 15건의 전시를 실시하여 총 19만여 명의 관람객이 찾았다. 공연 횟수는 성남아트센터, 고양 아람누리 등 전국 문예회관 평균 실적의 2배에 달한다. 이와 함께 예울마루는 기획 공연, 전시의 객석 및 티켓의 5~10%를 저소득 가정 등 문화 소외계층과 함께 나누고, 현재까지 8,300여 명을 초대하는 등 모든 지역민들이 문화예술을 향유할 수 있도록 물심양면으로 앞장서고 있다. 예울마루의 공연 전시 시설은 뮤지컬 〈맘마미아〉, 국립발레단의 〈호두까기인형〉등의 오리지널 무대를 그대로 수용할 만큼 최첨단을 자랑한다. 이 때문에 첼리스트 양성원, 바이올리니스트 권혁주 등 국내 최정상급 예술가들의 전국 투어 필수 코스로 빠르게 자리 잡으며 전석 매진의 성과를 올리고 있다. 여수를 들르는 여행자라면 예울마루의 문화예술 향기도 맡고 가시기를 권유해 본다.

Festival

여수의 축제

여수시는 8개의 아름다운 축제를 지니고 있다. 여수의 자연과 역사를 배경으로 한 이 축제들은 여수 사람들이 살아온 삶의 이야기와 다름이 없다. 조금은 권태로울 수 있는 우리들의 일상이 꿈과 사랑, 낭만과 도전이 깃든 축제의 빛과 함성을 만나 새로운 일상으로의 도약을 꿈꾸게 되는 것이다. 그러므로 여수가 지닌 8개의 축제를 들여다보는 것은 그 자체만으로 이 도시가 지닌 삶과 사랑의 이야기들을 고스란히 엿듣는 것과 같은 의미를 지닌다. 물빛 착하고 땅의 기운 한없이 부드러운 여수, 이 도시가 지닌 향기 많은 축제들의 면면을 살펴보자.

향일암 일출제 - 사람들의 황금빛 희망

 희망은 어떤 색일까. 여수에 사는 사람들은 새해가 되면 마음속의 간절한 소망 하나씩을 바다에 띄운다. 그 소망들은 붉은 해가 물들이는 황금빛 바다를 만나 희망으로 변한다. 소박한 소망일수록 더 빛나기 마련이다. 그래서 사람들은 여수에서 가장 아름다운 일출을 볼 수 있는 향일암에 오른다.

 여수시 돌산읍 율림리 임포마을. 돌산대교를 넘어 한참을 구불구불한 도로를 타고 들어가면 뭍에 묶인 작은 배들과 함께 시간도 멈춘 듯 고즈넉한 곳에 가 닿는다. 마을 곳곳에는 동백나무들도 있어 또 겨울이면 붉은 꽃망울을 터트려 봄을 채근하기도 한다.

 상가와 민박이 늘어선 가파른 길을 따라 20분 정도 걸어 올라가면 향일암 일주문이 나온다. 향일암은 644년(백제 의자왕 4년) 원효대사가 창건하여 원통암으로 불리다가 훗날 해돋이가 아름다워 '해를 향한 암자'라는 뜻을 가진 향일암으로 개칭했다. 향일암의 일출을 경험한 사람이라면 이 이름의 뜻을 충분히 공감할 것이다. 매일매일 떠오르는 태양이지만, 향일암에서 바라보는 일출의 풍경은 그 울림이 오래 남는다. 어떤 강한 끌림이 머나먼 수평선 너머에서 전해져온다.

향일함은 금오산의 기암괴석 절벽에 있다. 산의 형상은 마치 거북이가 경전을 등에 지고 용궁으로 들어가는 모습과 같다고 해서 '쇠 금(金)', '큰바다 거북 오(鰲)' 자를 써서 금오산이라 한다. 산 전체를 이루는 암석들 대부분이 거북이 등 문양을 닮아 향일암을 금오암(金鰲庵) 또는 영구암(靈龜庵, 거북의 영이 서린 암자)으로 부르기도 한다. 이런 특이한 형상 때문인지 향일암은 더 신비롭게 다가온다. 모두가 잠든 깊은 밤에는 한 마리 거북이로 변해 남해의 바다를 헤엄쳐 다닐 것만 같다.

향일암 일출제는 한 해의 마지막 날을 정리하고 새로운 해를 기념하는 축제다. 다가올 생에 대한 기대와 두려움을 안고 사람들이 인산인해를 이룬다. 12월 31일 해넘이 감상을 시작으로 송년 길놀이, 창작 예술극, 소망 촛불 의식, 제야의 종 타종, 캠프파이어와 강강술래 및 대동 한마당 등의 행사로 한 해의 마지막 밤을 장식한다. 쉽게 잠들지 못하는 밤, 사람들은 비로소 그동안 돌보지 못했던 마음들을 꺼내 보게 될 것이다.

1월 1일 새해, 우리나라의 4대 관음 기도처 중 하나인 향일암에 선잠에서 깬 사람들이 저마다의 소망을 품고 힘차게 오른다. 찬 새벽 공기, 졸린 눈, 끝없는 계단, 어둠 속 북적대는 인파, 어떤 간절한 소망들이 사람들의 발길을 신새벽부터 이끄는 것일까. 일출을 보기 위해 향일암 대웅전에 오르려면 폭

50cm, 길이 20m 정도의 좁은 바위틈으로 된 해탈문(解脫門)을 지나야 하는데, 그곳을 지나면 속세의 모든 번뇌와 죄업에서 벗어난다는 속설이 전해져 온다. 믿기 나름이지만 가파른 향일암을 숨이 차도록 오르다 보면 지니고 있던 삶의 무게를 어느 정도는 내려놓을 수 있지 않을까. 바보 같은 믿음인지 몰라도 때론 그런 믿음이 우리의 숨통을 트여주기도 하니 말이다. 해탈문을 지나면 대웅전이 나오는데 좀 더 부지런한 사람이라면 바위굴들을 지나 관음전에 올라 일출 보기를 권한다. 반짝이는 남해의 푸른 바다와 솟아오르는 해를 만날 것이다. 일출을 보고 나면 새해 행사로 천고(千告) 비나리 기원굿과 일출 기원 제례, 소원 풍선 날리기 등 다양한 볼거리가 마련되어 있으니 천천히 향일암 이곳저곳 살펴보고 시원한 약수 한 사발 들이켜고 내려오시길.

  새로운 시작을 앞둔 사람이라면 고단했던 마음은 먼 바다로 떠나보내고 새로운 희망을 품으러 일출 여행을 떠나보자-.

영취산 진달래 축제 - 진달래 꽃길 사이로

 봄, 지천으로 꽃이 피는 화려한 계절이다. 꽃들이 지닌 색들은 겨우내 움츠려 있던 마음을 흔들어 놓기에 충분하다. 사랑에 빠진 듯 설레고 어디로든 떠나고 싶은 봄날에는 꽃 나들이가 제격이다.

 참꽃, 두견화, 안산홍, 귀촉화, 이 모두가 진달래를 부르는 이름들이다. 봄이 오면 두견새 울음소리와 함께 이산저산에서 수줍게 분홍빛 고개를 내미는 진달래꽃은 유난히 햇볕을 좋아한다. 그 때문에 큰 나무가 없거나 헐벗은 산일수록 진달래 군락을 만나기가 쉽다. 1960~1970년대까지만 해도 나무가 없는 야산들이 많아 진달래가 지금보다 더 흔했다고 한다.

 영취산은 30~50년생의 진달래가 군락들을 이루며 무려 15만 평 규모로 펼쳐져 있다. 해발 510m의 정상까지 오르는데 1시간에서 3시간까지 다양한 등산 코스가 있다. 정상에 서면 차갑고 삭막한 느낌의 여수 산단과 멀리 반짝거리는 남해의 풍경이 대조적이다. 하늘을 향해 길게 뻗은 공장의 굴뚝들은 지친 사람들의 한숨처럼 연기를 뿜어낸다. 영취산에서 최고의 진달래꽃 군락지는 450m봉 일대와 그곳을 지나 작은 바위 봉우리 부근, 정상 아래와 진래봉 부근 등이다. 이 군락지들을 즐길 수 있는 등산 코스는 상암초등학교 인근에서 시작해 450m봉을 거쳐 봉우재로 내려선 뒤 영취산 정상에서 흥국사로 내려오는 코스가 무난하다.

고려 시대 보조국사 지눌이 창건한 흥국사는 그 이름에서 알 수 있듯 나라의 융성을 기원하기 위한 사찰이다. 예부터 "나라가 흥(興)하면 절도 흥하고 이 절이 흥하면 나라도 흥할 것이다."라는 말이 전해져 내려온다. 경내에는 대웅전을 비롯해 팔상전, 불조전, 응진당 등 10여 동의 목조 건물이 있고 보물로 지정된 후불탱화와 무지개 모양의 홍교도 있으니 등산 후에 한 번쯤 둘러보는 것도 좋겠다.

진달래 축제는 1993년부터 매년 4월 첫째 주에 나라의 평화와 시민의 안녕을 비는 산신제와 함께 열리고 있다. 산 위에서는 꽃 잔치가 열린다면 산 아래 돌고개 행사장에서는 우도 풍물굿, 농악 경연대회, 진달래 아가씨 선발대회, 시화전이나 압화 만들기 등 다채로운 행사가 펼쳐진다.

진달래 꽃밭을 찾아 줄지어 가는 등산객들의 뒷모습을 보면 그들이 맨 가방 속에 예쁜 꽃 같은 마음이 들어 있을 것 같다. 사람들은 분홍색 진달래꽃 사이를 힘든 줄도 모르고 걷는다. 아마 그들 마음은 꽃밭 위를 뒹굴고 있을지도 모른다. 그 꽃향기에 취해 이 봄을 오래오래 기억하기를.

여수 거북선 대축제 - 거북선의 꿈

　거북선 대축제는 임진왜란을 승리로 이끌었던 이충무공을 기리는 진남제의 새로운 이름이다. 진남제는 올해로 그 역사가 43년, 우리나라에서 가장 역사가 오래된 호국 문화축제인 셈이다. 그만큼 여수의 자랑거리이다. 진남제는 매년 5월 4일을 전후로 4~5일 정도 행사가 치러진다. 이는 이순신 장군이 임진왜란이 발발하던 1592년 당시 도성이 함락되고 국토의 대부분이 초토화될 지경에 이르러 처음으로 출전한 날이다. 2007년도에는 '2012 여수세계박람회 유치기원 거북선 대축제'를 열어 BIE 실사단에게 선보여 극찬을 받았다.

　우리나라 역사상 최대 전란이었던 조선, 일본, 명나라 3국의 치열했던 국제전이 있던 때 가장 큰 역할을 한 곳이 전라좌수영 본영이 있던 지금의 여수다. 전라좌수영은 조선 1479년(성종 10)에 설치되었고, 당시 사령부 건물인 진해루는 정유재란 때 왜적에 의해 불타버리고 1599년(선조 32년) 전라좌수사인 이시언 장군이 진해루터에 진남관을 세웠다. 우리나라 단일 목조 건물 중 최대 규모인 진남관은 현재 국보 304호로 지정되어 있다. 진남(鎭南)이란

 '남쪽을 진압하라'는 뜻으로 임금님이 계시는 도성에서 바라보면 남쪽은 일본을 말한다.
 축제는 개막 축하 행사와 화려한 불꽃들이 밤하늘에 수를 놓으며 시작된다. 둘째 날에는 늦은 오후부터 통제영 길놀이를 하는데 축제의 가장 하이라이트 부분이다. 이 퍼레이드를 위해 여수 지역의 각 기관과 학교, 기업, 일반 시민들까지 대규모로 참여해 전국 최대 규모의 가장행렬을 선보인다. 여수 시내 일대를 행렬하며 거북선, 판옥선, 옥수레 등의 모형과 이충무공의 파란만장한 일대기를 꾸며 진행된다. 우선 경찰 선도차와 미니 판옥선의 출발에 맞춰 해군 군악대와 의장대가 군악에 맞춰 행렬하고 그 뒤를 대취타대와 오충 행렬, 무명수군위령탑, 축등 행렬, 거북선, 좌수영병기창 등이 따른다. 이 긴 행렬을 자세히 보면 중고등학생의 정도로 보이는 어린 소녀들이 색색의 한복을 차려 입고 등불을 들고 있거나 수군 복장을 한 소년들의 앳된 얼굴을 볼 수 있다. 아이들의 행렬은 아무래도 어설프고 때론 해찰하는 모

습도 보이지만, 오히려 그런 모습이 더 어여쁘다. 셋째 날에는 거북선 가요제 본선이 치러지고 마지막 날은 국악 공연이나 사물놀이, 무용 등의 공연이 있다. 그 외에도 향토 음식 큰잔치, 돌산 갓김치 축제, 거문도 뱃노래 시연, 수륙고혼 천도대제, 소동패놀이 시연, 소년 이순신 장군 선발, 거북선 그리기 · 만들기 대회 등 수많은 행사가 여수 곳곳에서 이루어진다. 주무대인 해양공원에서는 여느 축제들처럼 각양각색의 체험 행사와 부대 행사들이 줄지어 열린다.

이 기간 내내 도시 전체가 하나의 축제다. 대다수의 시민들이 자발적으로 축제를 준비하는 모습은 다른 곳에서 보기 힘든 광경이다. 그 마음 하나하나가 소중한 만큼 이 축제가 주는 의미와 감동도 크게 다가온다.

여수 국제 청소년 축제 - 꿈과 낭만의 시간

2000년부터 시작된 여수 국제 청소년 축제는 국내외 청소년들이 함께 만들어가는 국제적인 종합 문화축제이다. 청소년들은 이 축제를 통해 외국의 문화를 체험하고 외국 청소년들과 우정을 쌓기도 한다. 또한, 축제를 통해 자신의 재능을 발견하기도 한다. 그리고 이 축제를 위해 외국에서 많은 청소년이 여수를 방문하고 있으니 뜻깊은 일이 아닐 수 없다. 자라나는 세계의 아이들에게 한국과 여수를 알리는 좋은 축제인 셈이다.

공식 행사로는 각국 청소년들의 기념 공연과 초청 가수 축하 공연으로 이루어진 개막식과 폐막식을 볼 수 있고, 그 해에 따라 국제 청소년 문화 포럼이나 영화제를 상영하기도 한다. 국제 문화교류 프로그램으로는 외국 청소년에게 우리의 가족 문화와 생활양식을 체험할 수 있도록 홈스테이와 국제 교류 캠프가 마련되어 있어 서로 추억을 쌓을 수 있는 기회가 될 것이다. 또한, 다문화 놀이마당, 외국 청소년 학교 방문 체험, 청소년 어울마당 같은 프로그램들도 열리곤 한다. 청소년들이 어울릴 수 있는 참여 프로그램은 날밤까지, 댄스 워크숍, 시티투어, 해양 래프팅, 바다 풀장,체험, 암벽타기, 낚시 체험으로 이루어진 수상레포츠 등이 있다. 각국의 전통문화를 엿볼 수 있는 옛날 장터 체험과 전통 혼례 시연, 전통 놀이, 전통 의상, 전통무예 체험도 이루어진다. 그밖에 외국의 전통 민속 공연과 우리나라의 전통 사당패 공연, 국내외 댄스, 음악 동아리들이 참여하는 댄송 페스티벌 경연대회가 있다. 부대 행사로 청소년 먹거리 장터를 비롯해 아나바다 장터, 거리 마술, 전통 음식 만들기, 심리검사, 타로점 보기 등 다양한 행사들이 아이들의 호기심을 자극한다.

 이 축제는 해마다 일정과 행사 내용에 변화가 있기 때문에 수시로 확인한 후 참가하는 것이 좋다.

거문도 백도 은빛 바다 축제 - 흰 등대가 부르는 섬

무더운 여름에는 누구나 달콤한 휴가를 꿈꾼다. 에메랄드빛 바다와 흰 모래사장이 펼쳐진 곳에서 잠시 일상을 잊고 발자국 찍기 놀이를 한다. 그러다 밤이 되면 해변에 누워 별을 헤아리다 살포시 꿈을 꾸기도 한다. 거문도는 그런 상상이 현실이 되는 곳이다. 바다만큼이나 푸른 하늘과 뱃길을 밝혀주는 흰 등대가 있는 섬. 낭만을 즐기고 싶은 사람이라면 꼭 한 번쯤은 가볼 만한 곳이다.

거문도는 동도, 서도, 고도의 3개 섬으로 이뤄져 있다. 섬 전체가 울창한 동백숲과 암석 지대로 배가 드나드는 고도와 여행객들이 주로 찾는 서도, 그 끝에 남해를 밝히는 거문도 등대가 있다. 거문도 등대는 1905년 남해안 최초로 세워져 지금은 그 옆에 33m 높이의 새로운 등대가 신축되었다. 2006년에 완공된 거문도 등대는 관광객들을 위해 무료로 숙소를 빌려주어 인기가 많다. 거문도는 수려한 풍경을 자랑하지만 가슴 아픈 역사를 지니고

있다. 19세기 말 러시아 남하 정책을 견제하던 영국의 무단 점령으로 지금도 섬에는 영국군들의 무덤이 자리하고 있다.

거문도까지 와서 백도를 가보지 않는다면 거문도 여행의 의미가 없다. 거문도에서 동쪽으로 30km가량 떨어진 백도는 배로 한 시간 정도 걸린다. 푸른 망망대해 한가운데 떠있는 서른여섯 개의 바위섬이 백도이다. 사람들의 출입을 엄격히 통제하는 곳으로 신비로운 자연의 모습을 그대로 간직하고 있다. 백도는 명승지 7호로 지정되어 있으며 희귀한 동식물들이 자생하는 생태의 보고다.

천혜의 자연을 지닌 거문도 백도의 은빛 바다 축제는 보통 8월 말에 여름밤을 수놓는 화려한 불꽃놀이를 시작으로 3일 동안 펼쳐진다. 첫째 날에는 다채로운 연주와 공연이 마련된다. 무엇보다 거문도의 전통 문화를 체험할 수 있는 거문도 뱃노래 공연과 야간 백도 라이트 투어, 햇불 켜고 고둥 잡기 체험 등 가족 단위 여행객들이 함께 즐길 수 있다. 둘째 날에는 거문도의 전통 작업선인 떼배 노 젓기 체험과 벨리댄스 공연, 도립 국악단 공연 등이 펼쳐진다. 축제 마지막 날은 해군 함정 승선 체험과 남도의 애환과 풍자를 그린 품바 공연, 노래자랑을 끝으로 폐막한다. 축제 기간에는 싱싱한 은갈치구이와 회를 맘껏 즐길 수도 있다.

여수 국제 범선 축제 - 돛아, 높이높이!

　누구나 멋진 요트 위의 하룻밤을 꿈꾸기도 한다. 요트 위에서 쏟아지는 별빛과 함께 사랑하는 사람과 마시는 와인 한 잔은 상상만으로도 행복이라는 단어가 샘솟는다. 하지만 한국에서 요트 위의 하룻밤은 평생의 꿈이 될 경우가 많다. 요트를 구경하는 것 또한 드문 일이기 때문이다.
　아름다운 리아스식 해안과 317개의 섬들이 보석처럼 박혀 있는 여수의 바다 위로 그 수를 헤아리기도 벅찰 만큼 흰 돛이 올려지는 때가 있다. 그때를 놓친다면 요트 위의 하룻밤은 꿈속으로 희미해져 갈 것이다.
　2007년 5월 초 거북선 축제와 비슷한 시기에 범선 축제는 처음으로 개최되었다. 범선, 돛을 달아 바람을 이용해 항해하는 선박을 말한다. 좁은 의미로

키가 크고 일정 크기 이상의 범선을 말하지만, 보통은 돛이 달린 배 모두를 이른다. 그래서 현대식 삼각돛을 장착한 요트도 범선으로 보고 범선 레이스에 참가하고 있다. 최초의 범선 레이스는 1956년에 한 영국인 변호사의 주최로 영국 데본항에서 리스본까지 레이스를 펼친 것이 계기가 되어 매년 세계 각국에서 경기가 열리고 있다. 대표적으로 커티샥레이스, ASTA, ISTA 등의 범선 대회가 있으며 세계 각국 범선들이 레이스에 참가하고 있다.

축제 행사는 범선입항 퍼레이드와 환영식, 범선 승무원들의 시가행진, 크루저 레이스와 관람, 범선 승선 체험과 해양 영화제 및 환송식 등으로 이루어져 있다. 밤바다를 장식하는 범선 점등 전시는 이국적인 정취를 물씬 풍긴다. 키가 크고 웅장한 범선부터 다양한 크기의 요트, 외국인 승무원들, 그 광경들을 보고 있노라면 영화의 한 장면이 떠오르면서 즐거운 상상의 나래가 펼쳐진다.

마음속에 조각배를 살짝 띄워 바람이 부는 대로 맡기고 어디로든 떠나고 싶은 오월, 흰 돛과 바다를 보러 여수로 가보는 건 어떨까.

여자만 갯벌 노을 축제 - 붉게 물들어 갈 때

한국인이 가장 좋아하는 자연 현상을 설문했을 때 1위로 뽑힌 것이 낙조다. 그만큼 노을빛의 흥취를 사람들은 잘 알고 있다. 여자만은 바다 가운데 여자도(汝自島)라는 섬이 있어 붙은 이름으로 여수, 순천, 벌교, 보성을 포함한 큰 바다이다. 갯벌 노을 축제를 하기 전에는 아는 사람들만 찾아갈 수 있는 진귀한 풍경이었다. 여자만에서 바라보는 저녁노을은 사진이나 글로 아름다움을 담기에는 무리가 있다. 물 빠진 회색빛 바다의 쓸쓸함과 붉은 노을의 따뜻함이 뒤섞여 보는 이의 가슴을 뭉클하게 한다. 또한, 작은 어촌 마을들은 그 자체로 노을의 배경으로 자리하며 노을을 돋보이게 한다. 몇 년 전부터 들어서기 시작한 레스토랑과 카페들은 연인들이 데이트하기 좋은 곳이다.

여자만 갯벌 노을 축제는 2008년 11월에 소라면 사곡리에서 처음 열렸다. 이 사곡마을은 간조 때 모세의 기적처럼 복개도까지 500m 정도 길이 열려 사람들의 이목을 끈다.

공연 행사로 풍어제, 길놀이 및 사물놀이, 여수MBC 노래자랑과 여수 시립 국악단 공연이 열리며, 꼬막과 바지락 캐기, 개매기 체험(고기잡기), 뻘배타기, 갯벌걷기 등 여자만의 특성을 살린 다양한 체험 행사가 열린다.

여자만 갯벌 노을 축제의 바다와 노을과 작은 마을들의 꾸밈없는 모습이야말로 우리가 놓치지 말아야 할 것들이다. 화려하지 않고 소박한 축제에서 잠시 휴식을 취해보는 것도 좋겠다.

04
순천의 문화역사

뿌리깊은나무 박물관

 낙안읍성 지척인, 전남 순천시 낙안면 평촌3길에 시립 뿌리깊은나무 박물관이 있다. 2011년에 개관한 이곳은 고 한창기 선생의 열정과 고집이 깃든 곳이며 소중한 역사의 공간이다. 그는 평생 우리 것을 지키고 사랑하고자 했으며, 1976년 문화 불모지인 우리나라에 월간 문화 종합지 《뿌리깊은나무》를 창간했다. 선생은 1936년 벌교에서 태어났다. 그는 법대를 졸업했지만 적성에 맞지 않아, 유창한 영어 실력과 발군의 세일즈 실력을 바탕으로 미군을 위한 비행기 티켓과 영어 성경을 팔기도 했으며 《브리태니커 백과사전》의 한국 판매권을 획득하여 브리태니커 한국 대표이사가 되기도 했다. 그러나 정작 그는 전통과 문화에 관심을 두고 있었다.

　새마을운동으로 인해 우리의 전통 가옥을 포함한 마을들이 파괴되던 시기, 《뿌리깊은나무》는 전통문화를 되살리려는 선생의 관심과 애정으로 만들어진 잡지다. 제호는 우리나라 최초의 한글 문헌 〈용비어천가〉에서 따왔으며, 창조적이고 독창적이고 획기적인 잡지 형식을 추구했다. 한글·한자 혼용, 세로쓰기 방식이던 당시 신문이나 잡지와 달리 한글 전용, 가로쓰기 방식을 처음으로 선보였다. 그러나 《뿌리깊은나무》는 안타깝게도 신군부가 들어서면서 1980년 8월 강제 폐간되고 만다.

　'뿌리깊은나무 박물관'은 선생이 창간한 잡지의 이름을 그대로 가져와 사용했다. 유물 전시실과 야외 전시 공간, 백경 김무규 선생 고택으로 구성되어 있는데, 유물 전시실은 상설 전시실인 뿌리깊은나무, 기획 전시실인 샘이깊은물, 세미나실인 배움나무로 나뉜다. 모두 선생이 만든 잡지의 이름을 따 왔다. 전시실에는 약 800여 점의 유물이 전시되고 있는데, 선사 시대부터 조선

시대의 기와, 옹기, 토기에서 청자, 백자, 민속용품 등 문화재급 유물을 포함하여 다양하게 전시되고 있다. 선생이 마지막으로 수집한 문화재는 백자청화 매죽문 필통이라고 하는데 홀로 지내며 세상을 떠나기 전까지 문화재에 대한 애착이 강했다 한다. 선생이 평생 수집한 6500여 점의 문화재는 이제 우리의 유산으로 남게 되었다.

전시장을 나오면 1922년 구례에 지어진 고 백경 김무규 선생의 집을 그대로 옮겨온 한옥 한 채가 있다. 이 고택에서 《서편제》 주인공 송화가 눈이 먼 뒤 아버지 유봉과 함께 머무른 곳으로 하얀 한복을 입은 이가 사랑채 누마루에 앉아 거문고를 타자 유봉이 구음을 부르는 장면을 촬영했다고 한다. 고택은 전형적인 양반 상류 주택으로 사랑채와 안채, 사당으로 구성되어 있다.

'뿌리깊은나무 박물관'은 우리 시대 최고의 지성인으로, 깨어 있는 문화인으로 살다 간 한창기 선생의 숨결이 묻어 있는 곳이다.

**뿌리 깊은 나무는 바람에 아니 흔들리므로 꽃이 좋고 열매가 많으니
샘이 깊은 물은 가뭄에 아니 끊어지므로 냇물을 이루어 바다로 가느니**

조정래
태백산맥문학관

　꼬막으로 유명세를 타기 시작해 여행객들이 끊임없이 찾는 벌교. 그리고 주먹 자랑하지 말라는 벌교에 조정래 작가의 태백산맥문학관이 있다. 문학관 입구에 들어서면 '원형상-백두대간의 염원'의 80m의 대형 벽화가 보인다. 일랑 이종상 선생에 의해 설치되었는데, 이 벽화는 광맥처럼 묻혀 있는 우리 민족의 염원을 발굴하여 지구상에 마지막 남은 분단을 종식하고 통일을 간구하는 문학과 건축, 미술이 함께 조화를 이룬 세계 최대의 자연석 옹석 벽화라 한다. 여기에 사용된 3만 8,000개의 자연석은 벌교, 지리산, 백두산 그리고 인도, 중국 등에서 채취해왔다고 한다. 태백산맥문학관의 전시관은 건축공법이 별다른데, 철근 구조물이 그대로 보이는 것과 벽이 없이 공중에 둥둥 떠 있는 2층 전시관에서 내려다보는 1층의 풍경은 색다른 맛을 보여준다. 소설을 집필하는 동안 정보부의 감찰, 경찰의 협박과 방해로 온갖 고초를 겪었고, 정부의 승인 없이 평양을 다녀온 후 투옥되었다가 문익환 목사의 영향으로 인해 새롭게 마음을 다잡고 집필을 이어갔다고 한다. 전시관에는 보수단체들로부터 『국가보안법』 위반 등으로 고발된 뒤, 11년 만에 무혐의 판결을 받은 보도자료, 태백산맥 집필 때 사용했던 필기구와 용품들, 작가의 아들과 며느리, 그리고 독자가 쓴 필사본 등이 보관되어 있다. 작가는 아들과 며느리에게 우리의 역사를 바로 보고 제대로 알아야 한다는 마음으로 집필하는 고통을 체험하고 사후 지급되는 저작권료의 수혜자가 되려면 이런 노력 정도는 해야 한다는 뜻에서 필사를 시켰다고 한다. 4년간의 준비 과정과 6년의 집필 꼬박 10년이 걸려 완성된 10권의 《태백산맥》 줄거리를 잠시 살펴보자.

    1948년 10월, 여순사건과 함께 좌익에 의해 장악되었던 벌교가 다시 진압 세력인 군경의 수중에 들어가자 좌익 군당 위원장 염상진은 하대치, 안창민 등과 산 속으로 퇴각한다. 비밀 당원으로 상부의 밀명을 받고 벌교로 잠입하게 되는 정하섭은 마을에서 외따로 떨어진 곳에 살고 있는 무당딸 소화를 이용하고, 둘 사이에는 사랑이 싹트는데…,

    한편, 염상진의 동생 염상구가 감찰부장으로 있는 청년단은 좌익 세력을 처단하는 데 앞장서고, 형 염상진과는 반대의 사상을 지닌 염상구는 빨치산 강동식의 아내 외서댁을 겁탈하는 등 만행을 저지른다. 무고한 사람들까지 피해를 입는 것을 보다 못한 벌교의 유지 김범우는 수습위원회 대표 최익승에게 희생을 줄이도록 호소하지만 오히려 빨갱이로 몰리게 되는데…,

이승만 정권이 농지개혁을 하지 못하자 농민들의 불만은 갈수록 높아지고, 이 과정에서 소작인 강동기는 지주를 삽으로 내리찍고 산으로 들어가 빨치산이 된다. 반면, 지주 서민영은 자기 소유의 논을 모두 소작인들과 공유하기도 하고, 국군 벌교지구 사령관 심재모로 하여금 모든 사건을 공정하게 처리하도록 한다.

1950년 6·25의 발발과 함께 벌교는 다시 염상진 등에 의해 장악되고, 좌익 세력들은 인민의 해방을 감격스럽게 맞이하지만 또다시 살육의 참상을 겪는다. 이 과정에서 중도적인 입장을 고수하던 김범우와 손승호는 빨치산의 길을 택하게 되지만, 김범우는 미군에게 붙들려 강제로 통역관이 되어 미군들의 부도덕한 행태를 목격하게 된다. 6·25전쟁은 유엔군의 참전과 중국의 개입으로 교착 상태에 빠지고, 전선은 38선 부근에서 대치 상태가 지속된다. 퇴로가 막힌 인민군과 빨치산 세력이 지리산 일대에 근거지를 두고 무장투쟁을 계속하지만, 군경의 진압 작전에 따라 이들의 투쟁은 점차 무력해지고 염상진은 퇴로가 막히자 부하들과 함께 수류탄으로 자폭한다. 그리고 그의 목이 벌교 읍내에 내걸린다. 염상진이 염원했던 '인민해방'은 실패로 끝나지만, 염상진을 추종했던 하대치 등이 살아 남아 염상진의 무덤 앞에서 새로운 투쟁에의 결의를 다지고 어둠 속으로 사라져간다.

Festival

순천의 축제

순천만 갈대 축제

색색의 단풍들이 세상을 수놓는 계절의 가을. 알록달록한 단풍도 좋지만 가장 가을 적인 색체를 느낄 수 있는 곳은 순천만의 갈대밭이 아닐까. 매년 10월에서 11월 사이, 순천만에서는 황금빛 갈대 축제가 열린다. 광활한 갯벌과 갈대밭이 어우러진 생명의 땅 순천만. 그곳에선 어느 곳으로 눈을 돌려도 아름답기 그지없는 갈대 풍경을 감상할 수 있다. 또한, 갯벌을 자세히 들여다보면 짱뚱어, 농게 등 살아 움직이는 작은 생물들도 여럿 만나볼 수 있다.

　봄에는 철새가 멋들어지게 비상하고, 여름에는 짱뚱어가 갯벌을 휘젓고 가을에는 칠면조가, 겨울에는 흑두루미를 비롯해 200여 종의 철새가 군계일학의 자웅을 겨루는 순천만은 누가 뭐래도 대한민국 대표 생태 관광지이다. 이곳 순천만에서 자연과 인간이 어우러지는 아름다운 축제가 3일간 열린다.

　공연 행사와 체험 행사 또한 푸짐하다. 갈대 사랑 음악회, 가을 열린 음악회부터 시작해, 참여 행사인 순천만 갈대 가요제, 실버 가요제 등 귀로 즐길 수 있는 행사와, 전국 대학생 무진기행 백일장 대회, 지구의 정원 순천만 그리기 대회 등 다양한 체험학습의 장도 마련되어 있다.

- **기획 행사** : 갈대 산업관, 순천만 갈대 산업화를 위한 심포지엄, 학술심포지엄, 흑두루미 모니터링단 발대식, 하늘이 내린 순천만 정원, 한 평 정원, 동천 사진전, 국화 전시회, 야생화 꽃차 전시회 등

- **공연 행사** : 갈대 사랑 음악회, 가을 열린 음악회, 순천만 갈대 가요제, 실버 가요제, 동천 포크콘서트, 전국대학생 무진기행 백일장 대회, 지구의 정원 순천만 그리기 대회 등

- **체험 행사** : 갈대 힐링교, 희망의 점등식, 해설사와 함께하는 새벽 투어, 순천만 힐링 투어, 갈대 스탬프랠리, 사진작가와 함께 떠나는 순천만 생태 체험, 시인과 함께하는 순천만 문학기행, 갈대 한방 족욕 체험, 뷰티체험, 갈대 머리띠 만들기 체험, 뚝딱뚝딱 목공 체험, 갈대 엮기 체험, 서각 체험, 동천 문화공방 체험, 동천 수상 체험 프로그램(줄배 체험, 수상자전거), 생태 도서전, 갈대 숯 체험, 페이스페인팅, 캐리커처, 농촌체험마당, 갈대 소원지 쓰기, 순천만 갈대길 걷기대회 등

남도 음식문화 큰잔치

매년 10월 말, 낙안읍성에서 푸짐한 먹거리 잔치가 열린다. 하늘과 땅·대류과 해양의 힘이 끊임없이 교차하는 남도에서 오미(시고, 쓰고, 달고, 맵고, 짠 다섯 가지의 맛)를 주제로 오채(다섯 가지 채소)로 자란 것들에 후덕한 인심과 갈고닦은 손맛을 더해 다듬고, 씻고, 절이고, 버무리고, 굽고, 조리고, 삭히면 이 세상에 하나밖에 없는 각별한 남도음식이 태어난다.

이 축제에서는 다양한 행사 또한 준비되어 있다. 동편제와 가야금 병창, 7080 낭만 콘서트, 전통혼례식, 수문장 교대식, 서편제, 줄타기, 퓨전 국악을 감상할 수 있고 국악 체험, 소달구지 체험, 다도 체험 등 체험 위주의 행사도 마련되어 있다. 그리고 22시군의 대표 특산품을 판매하기도 하니 특산품을 하나씩 구매해 가기에도 좋을 듯하다.

낙안 민속문화 축제

오월, 따뜻한 봄기운이 만연한 계절이다. 모두들 소풍을 계획하고 있는 계절인 만큼, 남들과는 조금 다른 방향으로 봄날을 즐겨보는 것은 어떨까. 유채가 만발한 낙안읍성에서 살아 있는 전통문화를 느끼며 말이다.

1994년 처음 시작하여 올해 20회를 맞이하는 낙안 민속문화 축제는 매년 5월 순천 낙안읍성에서 개최된다. 조선 인조 때 낙안군수로 선정을 베푼 임경업 군수의 부임을 기원하는 행렬을 시작으로 이 지역 출신 가야금병창 명인인 오태석 기념 전국 가야금병창 경연대회, 낙안 두레놀이, 큰 줄다리기 등 다양한 경연, 공연 및 체험 행사가 펼쳐진다. 또한, 팔씨름 대회, 씨름 대회 등 각종 경연대회를 열어 재미난 볼거리를 제공한다.

시민의 날/팔마문화제

　청렴과 목민관의 바른 몸가짐을 상징하는 팔마. 그런 팔마 정신을 기려 만든 팔마문화제는 순천을 대표하는 대표적인 문화제로 자리매김한 지 오래다. 팔마문화제는 '시민의 날' 행사와 함께 펼쳐지는 순천의 문화행사로서 드높아진 가을 하늘 아래서 펼쳐지는 한마당 축제의 장이다. 많은 사람이 함께하며 떠들썩한 거리 축제로 분위기를 돋우고 음악·미술·연극·민속놀이와 체육행사 등 다채로운 행사가 진행되며 흥을 돋운다. 가장 '순천적인' 축제가 아닌가 생각해 본다.

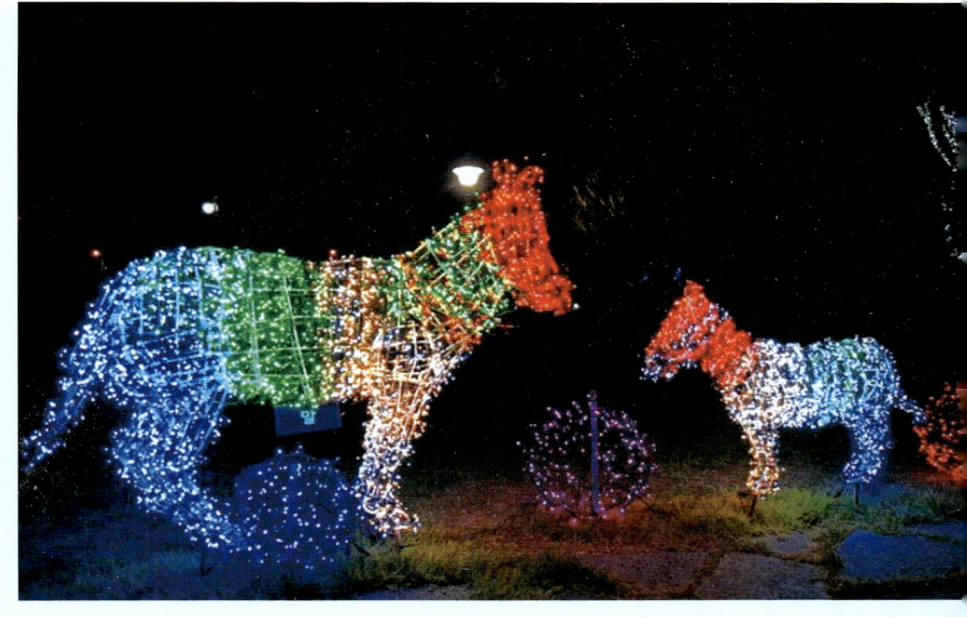

순천 하늘빛 축제

　순천, 꽃빛·물빛·별빛에 물들다. 두더위가 한참인 여름밤에 사랑하는 이들의 손을 잡고, 아름다운 조명들로 찬란하게 수놓인 동천 길을 걸어보는 것은 어떨까. 한 손에 아이스티가 들려 있다면 더할 나위 없이 좋을 듯싶다.

　하늘빛 축제는 각종 이벤트와 행사들이 중간중간 있으니 참여해 보는 것도 좋겠다. 종이에 소원을 적어 나무에 대다는 소원나무, 종이배 띄우기. 야광 페이스페인팅, 야광 클레이아트, 타로 점까지 소소한 재미들로 구성된 빛 축제는 어린아이부터 노년층까지 부담 없이 즐기기에 좋은 축제임이 분명하다. 곳곳에 테마를 잡고 설치한 구조물들과, 커다란 인공폭포도 있으니 놓치지 않길 바란다.

남도 여행

Chapter 06

매력을 더해주는 이웃 도시

(사진 협조 : 구례군청, 고흥군청, 보성군청)

구례

지리산 노고단 운해

해발 1,507m의 솟아 있는 노고단은 천왕봉, 반야봉과 더불어 지리산 3대 주봉 중의 하나로 수많은 봉우리 중에서도 영봉으로 손꼽힌다. 특히, 노고단 아래 펼쳐지는 구름바다의 절경은 가히 지리산을 지리산답게 만드는 제1경이라 불러도 손색이 없다. 남쪽으로부터 구름과 안개가 파도처럼 밀려와 노고단을 감싸 안을 때 지리산은 홀연히 아름다운 장관을 이룬다.

섬진강 청류

　섬진강은 진안군 마이산에서 발원하여 전북, 전남, 경남의 3도 12개 시군의 유역을 거쳐서 500리 물길을 이루는 강으로 전국에서 가장 깨끗하다. 강 중류에 위치한 구례군은 지리산과 백운산의 양대 산의 사이를 가르고 흐르는 100리 물길로 강물이 푸른 산을 굽이 돌며 흐르면서 굽이마다 반원형 백사장을 수놓았고 은어·숭어·붕어·잉어·장어·참게 등 30여 종의 담수어가 서식하고 있다.

산동 산수유

가장 먼저 봄을 알리는 산수유는 2월 말부터 꽃망울을 터뜨리기 시작해 4월 초까지 피어 있으며 11월에는 빨간 루비 빛 탐스러운 산수유 열매를 맺는다.

구례 산동은 전국 최대의 산수유 군락지이며 전국 생산량의 70% 이상을 점하고 있다. 옛날 중국 산동성의 처녀가 지리산으로 시집올 때 산수유나무를 가져다가 심었다고 해서 산동이라는 지명이 생겨났다고 전해진다. 3월 중순이면 산수유 꽃 축제가 열린다.

섬진강 벚꽃길

이른 봄 노오란 산수유가 질 무렵, 섬진강변에는 하얀 벚꽃이 피기 시작한다. 섬진강 벚꽃길은 1992년 조성되어 곡성에서 하동까지 연결되는 국도 17호선과 19호선을 따라 온통 하얀 꽃이 강변에 만발한다. 봄의 향기를 느끼면서 멋진 드라이브를 즐길 수 있고 마라톤 코스로도 각광을 받고 있다.

화엄사

　지리산에 있는 사찰 중 가장 크고 장엄한 절로서 백제 성왕 때 연기조사가 창건하였으며, 《화엄경》의 화엄 두 글자를 따서 이름을 지었다 한다.
　최근 서오층석탑에서는 부처의 진신사리가 발견되었고, 사찰 내에는 각황전을 비롯하여 수많은 문화재와 천연기념물이 있다. 예로부터 지리산을 불교문화의 요람이라고 하였으며, 그 중심에 화엄사가 있고 천은사와 연곡사가 있다. 노고단, 화엄계곡을 비롯하여 뛰어난 자연경관과 불교문화가 어우러져 천 년의 고요함이 배어 있는 곳이다.

오산과 사성암

　오산은 문척면 죽마리에 위치해 있는 해발 531m의 호젓한 산으로 자라 모양을 하고 있으며 높지도 험하지도 않고 비경이 많아 가족 단위의 등반이나 단체소풍 코스로 인기가 높다. 사성암은 백제 성왕 때 화엄사를 지은 연기조사가 창건했다고 전해진다.
　암벽에는 서 있는 부처의 모습이 조각되어 이를 마래여래입상이라 한다.

원래는 오산암이라 불리다가 원효, 도선, 진각, 의상 등 네 성인이 수도하였다 하여 사성암이라 부르고 있다.

구례 5일장

　구례 5일장은 3일과 8일장으로 화개장터와 더불어 영호남 장꾼과 사람들이 만나는 대표적 시골장이다. 구례장은 산나물과 약재가 유명한데, 봄이면 지리산 자락에서 캔 산나물과 들나물이 장을 풍성하게 만든다. 두릅·고사리·쑥·취나물·돌나물·엄개나물·도라지 등 자생식물들이 헤아릴 수 없게 많다. 5일장 한쪽에는 8대째 가업으로 이어지고 있는 약재상이 있는데 대추, 은행, 생지황을 비롯 위장약으로 특효가 있는 삽초, 혈액순환에 좋은 오가피, 찰기, 당기 등 많은 약재를 판매한다.

지리산 둘레길

　지리산 둘레길은 지리산 둘레 3개 도(전북, 전남, 경남) 5개 시군(남원, 구례, 하동, 산청, 함양) 21개 읍면 120개 마을을 잇는 274km의 장거리 도보 길이다. 길에서 만나는 자연과 마을, 역사와 문화의 의미를 다시 찾아내 잇고 보듬는 길로서 한땀 한땀 수놓듯 이어가는 길을 통해 만나는 사람, 풀 한포기, 나무 한 그루, 모든 생명의 속삭임에 귀 기울일 수 있다. 1구간인 산동 – 주천 구간으로 시작하여 총 7구간으로 구성되어 있다.

운조루

토지면 오미리에 위치한 운조루는 99칸(현 73칸)의 가옥으로서 조선 시대 선비의 품격을 상징하는 품자형 배치를 하고 있다. 운조루는 구름 속의 새처럼 숨어 사는 집이라는 뜻과 구름 위를 나는 새가 사는 빼어난 집이란 뜻도 지니고 있는데 중국의 도연명이 지은 〈귀거래사〉에서 따온 글귀다. 운조루는 명당 중의 명당으로 알려져 있어 세인들의 관심을 끌고 있기도 하지만 조선 후기 건축양식을 충실하게 따른 역사적 유물로서 훌륭한 가치를 지니고 있다.

벌교 보성

보성 녹차밭

보성 녹차밭은 150만 평 규모로 수려한 자연경관을 자랑하는데, CNN이 선정한 세계의 놀라운 풍경 31선에 뽑히기도 했다. 보성은 기온이 온화하면서 습도와 온도 차가 있어 차 재배에 최적의 조건을 갖추고 있다. 대한다업관광농원은 1957년부터 차 재배를 시작하여 내륙에서는 가장 큰 규모를 자랑한다. 농원으로 들어가는 입구에는 아름드리 삼나무숲이 우거져 있어 삼림욕에도 효과도 있다. 최근, 직접 차 잎도 따고 덖는 체험을 즐기는 사람들이 늘어나 녹차밭을 많이 찾고 있다. 또한, 매년 5월에 열리는 보성 다향제와 12월에 열리는 빛 축제 등도 볼거리며, 녹차는 물론 녹차 아이스크림, 녹차 삼겹살 등도 맛볼 수 있다.

율포해수욕장

호수처럼 잔잔한 득량만이 안겨준 고운 은빛 모래와 해송이 어우러져 있고 수심이 깊지 않아 해수욕을 편안히 즐길 수 있다. 그래서 사철 관광객들의 발길이 끊이지 않는 곳. 아름다운 노을과 바지락, 새조개를 잡으며 이웃 식당들의 넉넉한 인심도 맛볼 수 있다. 율포 솔밭해변 바로 옆에 위치하고 있는 해수녹차탕은 지하 120m 암반층에서 끌어올린 해수가 보성 녹차와 만나 지친 몸을 달래준다. 고혈압, 동맥경화, 관절염, 신경통 등에 좋고 피부병 예방 효과가 있다. 창밖 바다 풍경을 즐기며 목욕을 할 수 있어 색다른 느낌을 준다. 야외에는 해수풀장도 있어 아이들과 즐기기에 그만이다.

대원사

　대원사는 천봉산 봉우리를 약간 오른쪽으로 둔 정남향 사찰로서 6·25동란 이전까지만 해도 10여 동의 건물이 유전되었으나 여순사건 때 극락전만 남기고 모두 불타 버려 거의 폐허가 된 상태였다. 다행히 지금은 복원이 되었으며 새롭게 조성한 대원사 입구의 벚꽃길은 아름다운 숲길로 선정될 만큼 전국적으로 아름다움이 알려져 있다. 또 티벳박물관에서 불교 유적을 만날 수 있으며 불교 체험도 할 수 있어 좋다. 근처에는 백민미술관이 자리하고 있다.

태백산맥 문학관

　소설 《태백산맥》은 여순사건이 터진 1948년 늦가을, 벌교 포구를 무대로 제석산 자락에 자리 잡은 현부자네 집 부근에서 시작하여 빨치산 토벌 작전이 끝나가는 1953년 늦가을까지 이어진 우리 민족의 아픈 과거를 들추어낸 조정래 작가의 역작이다. 무당 딸 소화와 정하섭과의 애틋한 사랑, 지식인 빨치산 염상진과 그를 추종하는 하대치, 우익 청년단장 염상구와 외서댁의 사랑 등 태백산맥 문학관은 소설의 배경과 분단된 우리 민족의 아픈 흔적들을 더듬어 볼 수 있어 아이들 역사 교육에도 좋다.

　어둠에 묻혀버린 우리의 현대사를 돌아보며 동굴과 굿판을 건물 안으로 끌어들인다는 생각으로 자연스럽고 절제된 건축양식에 한발 물러선 듯한 모습으로 건축가 김원(金洹)이 문학관을 설계했다 한다.

광양

매화마을과 섬진강

　매화마을은 이른 봄이면 마을 주변 밭과 산 능선 등 10만 그루에 달하는 매화나무가 꽃을 터트리기 시작한다. 특히 매화꽃 사이로 내려다보는 우리나라 5대 강 중 가장 맑은 물을 자랑하는 섬진강 풍경은 꽃과 산과 강이 한데 어우러져 멋진 조화를 이룬다. 해마다 3월 중순쯤이면 매화꽃 축제가 열리는데 청아한 매화 향에 흠뻑 취해 볼 수 있다. 특히 섬진강에서 채취하는 벚굴(벚꽃이 필 때만 먹을 수 있는 민물 토종 굴)을 맛볼 수도 있다.

광양숯불고기

최상급 고기를 먹기 전에, 바로 양념한 후 백운산 참나무로 만든 참숯을 사용해 살짝 구워내는 것이 특징인 광양불고기. 한결같은 구이법과 장인정신이 한데 어우러져 만드는 광양불고기의 맛은 천하일미라 칭송될 만하다. 맛도 맛이지만, 후한 인심에 마음까지 불러 돌아올 수 있는 여정을 선사한다.

백운산과 자연휴양림

백운산 자연휴양림은 총 1,080여 종의 식물상이 보고될 정도로 희기 동·식물이 다량 분포하고 있다. 깨끗하고 조용한 생태공원과 함께 건강 약수로서 각광을 받고 있는 고로쇠 약수, 도선국사가 심었다는 옥룡사지 주변의 야생 녹차를 직접 맛볼 수 있는 천혜의 자연 휴양지이다.

옥룡사지 동백림

천 년의 불교 성지인 옥룡사지 주변에는 도선국사가 땅의 기운을 보강하기 위해 심었다는 동백나무 7,000여 본이 울창한 숲을 이루고 있는데, 험난한 역사에 휘말려 절은 흔적도 없이 사라졌지만 동백들은 그 뿌리를 견고히 내려 천 년의 역사를 자랑하며 장관을 이루고 있다.

광양제철소

1982년 456만 평의 바다를 매립해 불과 10년 만에 여의도 5배 크기의 세계에서 가장 큰 제철소로 발돋움한 광양제철소는 보는 이로 하여금 거대함과 웅장함을 느끼게 한다. 자세한 설명과 함께 제철소의 곳곳을 견학하고 싶다면 미리 예약하면 좋다. 국·공휴일을 제외한 매주 일요일 오전 10시에 가능하다.

고흥

팔영산

세숫대야에 비친 여덟 봉우리를 찾아 먼 길을 달려온 위왕!

팔영산의 여덟 봉우리 - 유영봉·성주봉·생황봉·사자봉·오로봉·두류봉·칠성봉·적취봉.

옛날 중국의 위왕이 세수를 하다가 대야에 비친 여덟 봉우리에 감탄하여 신하들에게 찾게 하였으나 중국에서는 찾을 수 없어 우리나라까지 오게 되었는데, 왕이 몸소 이 산을 찾아와 제를 올리고 팔영산이라 이름 지었다는 전설이 서려 있는 곳이다.

아픔을 딛고 다시 도약하는 섬, **소록도**

사슴처럼 맑은 영혼을 가진 사람들이 모여 산다고 이야기되는 곳!

소록도는 고흥반도 끝자락인 녹동항에서 1km가 채 안 되는 곳에 위치하고 있으며, 섬의 모양이 어린 사슴과 닮았다고 하여 소록도라 불린다.

섬의 면적은 15만 평 정도로 작지만 깨끗한 자연환경과 해안 절경, 역사적 기념물 등으로 인해 고흥군의 새로운 관광 명소로 떠오르고 있다.

기암절벽이 금강산을 그대로 옮긴 듯한
'나로도 해상 경관'

    수려한 경치가 바다와 어울려 절정을 이루는 곳! 나로도의 아름다운 해상 경관을 구경하기 위해 유람선을 타면 나로도항에서 출발해 섬을 왼쪽으로 끼고 돌아 다시 나로도항으로 돌아온다.

    바다에서 바라보는 외나로도의 해안은 땅에서 보는 것과는 전혀 다른 느낌으로 기암절벽의 연속이다. 꼭두녀, 마침머리, 용굴, 부처바위, 우주센터 전경, 쌍굴 등 해안 절경의 파노라마가 이어진다.

나로우주센터

나로우주센터에는 우주 과학기술 전시·교육 기능 및 우주센터 방문자센터(Visitor Center) 기능을 수행하는 우주과학관이 있다. 우주과학관은 58,831㎡ 부지에 건축 연면적 8,914㎡으로, 총 전시 면적 2,870㎡에 기본 원리, 로켓, 인공위성, 우주 공간 등을 소재로 한 전시품(총 59종의 전시품으로 구성되어 있으며 이중 작동 체험 전시품은 29종임)과 4D 돔 영상관, 야외 전시장 등으로 구성되어 있어 자라나는 학생, 청소년들이 우주 과학기술 관련 교육 및 체험 학습이 가능하다.

여행이야기

스무 살 적, 나의 첫 여행지는 여수였다. 서울에서 장장 여덟 시간의 밤 기차를 타고 새벽에 내린 여수는 비릿한 갯내음으로 가득했던 기억이 있다. '여행'이라는 왠지 근사하게 느껴졌던 단어를 처음으로 알게 된 후부터 나의 삶에 더욱 가까워진 낯선 풍경과 그곳에서 만난 사람들. 그리고 여수 밤바다. 돌산대교 아래서 애잔한 여수의 노래를 불러주었던 소녀는 지금 무엇을 하고 있을까?

5. 힐링이 되는 여행 ……………………………………… 232

◎ 길 걷다 ……………………………………………………… 234
◎ 산 오르다 …………………………………………………… 251
◎ 여수의 문화역사 …………………………………………… 258
◎ 순천의 문화역사 …………………………………………… 289

6. 매력을 더해주는 이웃 도시 ……………………… 306

◎ 구례 ………………………………………………………… 308
◎ 벌교 보성 …………………………………………………… 316
◎ 광양 ………………………………………………………… 322
◎ 고흥 ………………………………………………………… 326

7. 순천, 여수 시티투어 ……………………………… 338

에필로그 …………………………………………………… 348
여수, 순천 지도 …………………………………………… 350